数字化生活新趋势

CXO 首席体验官

CHIEF EXPERIENCE OFFICER

汪吉 汪豪◎著

電子工業出版社
Publishing House of Electronics Industry
北京·BEIJING

图书在版编目（CIP）数据

首席体验官 / 汪吉，汪豪著. —北京：电子工业出版社，2020.8
（数字化生活. 新趋势）
ISBN 978-7-121-39227-6

Ⅰ. ①首… Ⅱ. ①汪… ②汪… Ⅲ. ①品牌营销 Ⅳ. ①F713.3

中国版本图书馆 CIP 数据核字（2020）第 122722 号

责任编辑：周　林
印　　刷：三河市鑫金马印装有限公司
装　　订：三河市鑫金马印装有限公司
出版发行：电子工业出版社
　　　　　北京市海淀区万寿路 173 信箱　　邮编：100036
开　　本：720×1 000　1/16　印张：17　字数：245 千字
版　　次：2020 年 8 月第 1 版
印　　次：2020 年 8 月第 1 次印刷
定　　价：65.00 元

凡所购买电子工业出版社图书有缺损问题，请向购买书店调换。若书店售缺，请与本社发行部联系，联系及邮购电话：（010）88254888，88258888。

质量投诉请发邮件至 zlts@phei.com.cn，盗版侵权举报请发邮件至 dbqq@phei.com.cn。

本书咨询联系方式：25305573（QQ）。

推荐序一

好戏才刚刚开始

刘胜强

这两年，我们听得最多的论调，就是各种红利的消失、上半场的结束，我们进入了存量时代，进入了下半场。于是很多人开始反思过去的浮躁，认为目前碰到瓶颈，是因为自己的产品做得不够好。

但我想说的是，其实不是我们的产品没做到极致，而是发展到现阶段，“产品”这个概念本身已经不够了。要开辟一个真正的下半场，而不是进入一个垃圾时间的下半场，我们需要重新思考给消费者交付的是什么。只有有了新的交付形式，才能打开一个更大的空间，而在我看来，这个新的形式和空间就是——体验！

体验并不是新的概念，早在 20 世纪 90 年代就已经有人提出，至今已经将近 30 年。但是由于技术的限制，体验并没有实现规模化和商业化，没有成为社会经济的主流，过去 20 年的互联网也只是让体验小试身手。而刚刚兴起的更加立体和丰富的数字化技术，将给体验创造更加广阔的空间。

所以，互联网红利的消失，不是上半场结束了，而只是一个序曲结束了，真正的大戏可能才刚刚开始。

在这个更大的新体验经济时代里，我们不能再继续套用工业时代的产品生产和管理模式，企业和组织需要新的思维、新的运营模式、新的方法、新的组织和角色。汪吉和汪豪老师的《首席体验官》，通过 CXO 这个角色概念的引入，让企业的每一个人开始具备体验意识和思维，同时系统地介绍了体验时代主要的专业领域，以及所需要的方法和工具，无疑是一本正当其时的著作。

刘胜强

UXTOOLS 网站发起人

中国用户体验联盟联合实验室主任/华南分会主席

中国电信广东研究院消费者研究室主任

推荐序二

体验即品牌，体验即增长

曹成

营销是消费主义的产物，而消费主义渗透在我们目前的全球化生活的方方面面里。格调、设计和时尚在工业革命之前是属于贵族阶层和少数人的，消费主义借助工业化大规模生产将时尚、设计和格调产业化，同时在社会观念上进行普及，鼓励平民百姓追求美和潮流，鼓励大众消费者进行更多的消费，同时付出更多的劳动去追求更好的生活，从而形成了一个不断向前、不断膨胀的循环。

我们今天就生活在这样的氛围中。我们的眼界越来越高，欲望越来越多，自我越来越大。然而边际收益却越来越小，满足了基本需求，我们追求情感，然后是自我实现、社会认同，因此创造更多的消费需求、满足更好的消费体验成了万众的追求。马斯洛的金字塔理论很好地回答了人们追求的阶梯式发展，也指出了企业发现价值、创造价值和传递价值的清晰方向。如果消费主义的前提在短期内没有改变，这个趋势就不会改变。当物理和情感等需求的满足变得穷途末路，品牌的竞争就超越简单的心智认知，不可避免地往品牌共鸣的层面精细上升，这种上升不再是单点突破，不再是暴力式的认知构建，而是全方位提升，是系统化精进，这就给企业和品牌带来了前所未有的挑战，对营销从业者的能力也提出了更高要求。

同时，我们也看到各种流量红利的逐渐消失，这意味着市场变成了存量市场，客户数目既定了，这个存量市场更多是客户数量的存量，在营销变成此消彼长的情形下，创新可以突破这种营销的困境。这就引出了在现在这样一个市场如何创造增长的问题，增长到底从何而来？新客户的创造、新品类的创造、新需求的创造和新市场的创造。品牌体验是新的需求，可以增加新的服务品类，增加新的收费模式，增加客单价和客户终身价值。

有人说，人们购买的不是产品，而是购买了产品之后的感受。品牌体验的出发点还是产品和服务的感受，因此需要精心设计。这个精心设计的核心就是核心客户的价值体系，包括交易价值，实实在在的好处；认知价值，生活意义的投射；关系价值，长期生活的依赖。

但我们也需要认识到，人们的欲望绝大多数是大脑的欲望。大脑处理环境的信息，进行判断，指导行为。大脑的运作模式基本上有三种：一是认知模式，通过眼、耳、口、鼻、舌、身、心、意去接收外界的信息；二是心智模式，通过一个从安全需求、功能需求、情感需求到精神需求的金字塔，一层层进行选择和决策的是与否的二元判断；三是语言模式，通过符号和逻辑与其他社会成员进行沟通传递。如果要用战争类比的话，这就是品牌体验的扩大了的战场。品牌是发生在人们大脑里的事情，离开大脑没有意义。品牌体验就是针对人们大脑的更全面和更细致的刺激、唤醒，让人产生愉悦、快感，从而引起他们的“上瘾”和主动传播。品牌体验最终的目标也就是个体的沉迷和分享的冲动，是超级客户和净推荐值（NPS），就是不仅自己喜欢用，还会忍不住推荐给更多人，让他们和自己一起使用。

这些品牌价值需要美学的赋予，因为每个人的生活都需要美。只不过美到底是主观的，还是客观的？这是一个需要思考的问题，尤其是在中国这样一个特定的市场环境中。一个品牌的美学系统由特定元素构成，是和人们感官世界沟通的桥梁，具体而言，就是感官所能触及的全部，包括形状、颜色、质地、光影，甚至音乐、发动机的轰鸣、关门的声音、弥漫的香味、优美的文字及舒服的触感。我们说，品牌美学就是符号化的品牌宣言，但问题的根源就来自品牌宣言，也就是品牌的宗旨和目标，来自你的品牌之所以立身世界的理由，以及你对这个世界如何解决冲突和矛盾所秉承的观念。4P 是营销的核心，然而到了体验的阶段就会有人员的服务、流程的设计和具象化的标志性符号，也就产生了附加价值的可能。

这些价值同样需要被充分演绎和实现。品牌体验的设计不仅需要有一个原点，还需要有一条线索。针对这条线索，有不少专家学者进行了很多的研究，比如麦肯锡咨询就更新了传统的消费者购买流程模型，提出了消费者体验之旅的概念。消费者体验之旅是把每一次购买当成一个不断推进的循环过程，上一次购买的体验决定这一次购买，这一次购买的体验决定下一次购买，这个人的购买体验影响下一个人的购买。在每一次购买过程中，都会有越来越多的消费者接触点，这些接触点又可以分成消费者拥有的、品牌拥有的和合作伙伴拥有的，品牌体验设计和经营的关键就是这些接触点体验的管理。这些接触点又都会和消费者的意识、考虑、搜寻、决策、购买、拥护结合起来，要完成企业和品牌所期望的触达、转化、维护、体验和分享的任务，无疑是一个复杂的矩阵管理。

品牌的体验，从企业经营的角度离不开组织和系统的支持。很显然的是，品牌体验单单靠一两个人或一两个部门是没有办法有效提升的，需要企业从战略层面、文化层面和组织层面进行全方位匹配。那些将品牌体验做到极致的企业，比如利兹卡顿、海底捞、诺德斯特龙（Nordstrom）和星巴克，其品牌体验的理念是从顶层设计就开始的，经内部文化贯彻，由实施奖励保证。品牌体验是一个企业层级的大意识，因此需要品牌宗旨、企业文化和组织运营的大支撑。

汪吉和汪豪老师的《首席体验官》来得正是时候，去年我们在一起讨论这个话题时觉得确实有这样一个必要，让品牌体验的意识逐渐走入主流，而不只是存在于互联网公司的产品设计、UI 设计和 UX 设计里，这个概念应该成为各行各业都能应用的思路，不仅 B2C，也包括 B2B，而且应该放在品牌战略的规划里，单独设置一个环节，构建品牌体验系统，在一些品牌体验格外重要的服务领域，甚至有必要设置一个专门的高管职位来规划、设计、实施和管理品牌体验，比如酒店、餐饮、零售、金融、教育等。随着中国经济结构的优化调整，服务产业所占的比重逐步扩大，这将是一个欣欣向荣的领域，能创造大量附加价值，吸引大量优秀人才。

品牌体验是通过感官、心智、语言、符号进入消费者内心的必要途径，是共鸣驱动的客户运营的载体和通道，是经营人心和促成口碑传播的新时代营销利器。如今，小数据、大数据和人工智能正在呼啸而来，这给不那么聪明的大脑赋予了巨大的能量，让人们可以通过人工智能变得更加聪明。我们的头脑也许不会再像有些专家断言的只能容纳超级品牌、超级符号和超级口号等有限的选项，我们可以享受没有品牌的拿铁、口红和衣物，但体验却是衡量是否持续购买和推荐、产品是否能形成口碑的关键。

体验即品牌，体验即口碑，体验即增长。也许，重复的宣传和粗暴的广告不久就真的要让位了。

曹成

品牌几何创始人

智威汤逊前业务总监

中国十大广告客户总监

法国马赛商学院工商管理博士

中欧国际工商学院工商管理硕士（EMBA）

前言

人人都是首席体验官

不管你愿不愿意，我们都进入了一个“体验经济”的时代。产品是体验，服务是体验，品牌也是体验。体验，已经成为商业竞争的基本单位。

随着中产阶级消费群体的不断壮大，以及“互联网+”业态等新兴力量的发展与冲击，客户对体验的期望越来越高，仅仅提供高质量的产品或有竞争力的价格已经远远不够。体验已经超越产品和价格，成为品牌区分的最核心要素。商业的重心，正从“把东西卖给谁”转向“为谁打造什么体验”。

给客户一个卓越的体验，让他们更忠诚、购买更多，并在朋友圈分享推荐，这是每个企业都在追求的。然而整体效果并不理想，许多客户似乎依然失望，出现了普遍的“体验脱节”和“体验失灵”现象。

显然，提升客户体验并不容易，只是简单地拥有客户，让他们“体验”你的产品或服务，通常情况下效果都是不够好的。要从根本上实现客户体验的升级，就需要企业从更广阔的视野来洞察客户的生活方式，围绕客户的整个“旅程”，进行持续的体验创新与拓展，并把客户体验映射到企业的内部生态系统上来，才有可能为客户绘制丰富多彩的愉悦旅程。

这不仅意味着要投资于更好的体验设计，还要有专业的技术和运营。企业需要构建体验方面的能力，包括端到端的客户洞察、体验愿景设计、体验架构、客户旅程映射、体验创新、体验度量，甚至是商业模式转型和企业的体验再造。但这些都不容易，也正是很多企业的不足之处。

首席体验官（CXO），一个负责统领客户体验的全新岗位，对于很多企业来说，该岗位的设立已经非常迫切。

今天，我们看到有很多企业已经有了 CXO 方面的高级管理人员，设置了相应的体验管理部门和工作团队，但关于 CXO 方面的研究和理论体系，相对还很薄弱，更多是围绕在体验的某些环节展开，比如产品体验（PX）。

我们从事营销工作 20 多年，一直关注体验领域的发展，也做了一些研究，先后出版了《体验再造：赢得 YOU 时代的方法论》和《体验感：品牌 3.0 的营销革命》两本专业书籍。在和很多企业的接触中，我们深刻感受到整个市场迫切需要一本有针对性的书，用以指导和帮助企业用体验驱动增长，于是我们花了一年多的时间，写了《首席体验官》这本书。

本书分为四个部分。

第一部分：CXO 的提出（第 1 章）

面对新商业、新消费的变化，交易型的传统营销已经难以为继。客户不只是需要品质、性价比，他们更需要个性化和情感的体验。面对接触点和品牌的爆炸式增长，体验成为商业竞争的基本单位，ROX 是最新的投资回报率，未来考量的是企业的体验架构和持续的体验创新。毫无疑问，现在是时候考虑在企业内部设立专门的体验管理部门，以及设立首席体验官的职位了。

第二部分：CXO 的 4 堂必修课（第 2~5 章）

产品体验（PX）、客户体验（CX）、员工体验（EX）和品牌体验（BX），这是一个完整体验管理的 4 项基本内容，也是目前学者和专家们研究与实践的主要方向。CXO，作为企业负责体验管理的高级管理者，这 4 堂课应该是必修的课程。

第三部分：CXO 的升级课（第 6 章）

对于很多企业来说，只是对现有体验的修修补补，已经远远不够，需要定义自己的体验愿景大厦，把体验思维融入组织的心智，积极进行体验创新甚至是体验再造，帮助企业实现体验的升级转型。

第四部分：CXO 进阶指南（第 7 章）

站在未来，思考未来。如何做一个可扩展的 CXO，缔造一支卓越的体验管理团队，以及如何进行体验度量，招聘和培育 CXO 的角色，我们也试图提供一些指导性建议。

可以确信的是，体验已经成为客户做出购买决策和拥有品牌忠诚度的主因。无论是那些大的企业和品牌，还是城市街角一个小小的门店，体验的好坏是决定它们成败的关键。因此，我们理解，企业不一定要设置 CXO 岗位，但不能不学习 CXO 工作思维。

面对商业和技术的变化，每个企业都必须了解体验，深入学习体验，做到组织成员“人人都是首席体验官”。只有站在更高的角度，真正“以客户为中心”，把体验融入企业的心智，打造完整的体验生态系统，才有可能赢得未来的成功。

毫无疑问，体验就是一切，体验是企业新的增长极。今天的企业，如果没有建立“体验思维”，不能持续投资于客户体验中最有意义的地方，很难想象它们能走多远。

因此，希望本书所提供的工具、模型、案例和方法论，能够给企业和创业者们以建设性的指引，帮助打造体验驱动的增长引擎，让企业的业务经营与品牌的塑造领先一步，创造可能的未来。

在这里要感谢电子工业出版社的刘声峰老师和周林老师，是他们的专业帮助，让我们得以顺利完成这本很有意义的作品。体验本来就是一个全新的领域，首席体验官的研究，目前更是空白，因此我们的理论和观点难免有偏颇之处，欢迎大家批评指正。本书的创作当中，参考和引用了国内外大量专家学者的著作文献，在此也深表谢意。

目录

CXO

第1章

首席体验官来了

2019 年 10 月，麦当劳首席营销官 Silvia Lagnado 正式卸任，这家全球大型跨国连锁餐厅表示，未来将不会再设首席营销官（CMO）一职。

在营销界，Silvia Lagnado 可谓战绩彪炳。在加盟麦当劳之前，她是百加得的首席营销官，负责为多个品牌制订营销愿景。而再往前，她曾任联合利华风味及冷冻保鲜食品部副总裁。她在联合利华工作了 20 多年，开创了多芬的“真美运动”（Real Beauty），这是一个获奖无数的广告宣传活动，她帮助多芬取得了巨大的成功。

公开资料显示，Silvia Lagnado 一直以来监管着麦当劳在全球的所有营销活动，包括品牌建设和发展、菜单制订策略、消费者行为和商业发展洞察，以及协调媒体关系、把控营销推广活动及维护消费者关系。作为麦当劳的执行副总裁兼全球首席营销官，Silvia Lagnado 自 2015 年上任以来，给麦当劳品牌留下了深远的影响，她带领团队厘定了麦当劳品牌价值的定义，为麦当劳创建了全球统一使用的视觉标识，提升了麦当劳广告创意水平，并从数据入手改善了用户体验。

Silvia Lagnado 走后，之前向她汇报的两位直线下属被提升到了高级副总裁的位置上，其中一位被任命为主管全球营销事务的高级副总裁，另一位则成为主管营销技术的高级副总裁。

除了麦当劳，可口可乐、宝洁、强生、三得利、优步、塔可钟、凯悦酒店等全球知名公司也都取消了首席营销官职位，转而设置了“首席体验官”“首席客户官”“首席品牌官”“首席增长官”等新的头衔。

就在几年前，这还只是一个预测趋势。而今，这些全球大品牌的一致举动，已经形成超强的示范效应，“去 CMO 化”之势越演越烈。CMO 这一职位是否还有必要存在，成为整个营销行业讨论得较多的话题之一。

一个正在兴起的全新职业

不知道大家还记得 2009 年的那份“全世界最惬意的工作”吗?

最终英国人 Ben Southall 经过层层选拔，从 3 万多名竞争者中突围而出，在全世界数亿人艳羡的目光中得到了这份工作。他的工作很简单，就是在澳大利亚大堡礁待 6 个月，要求他在这个旅游天堂尽情享受，住海景房、游泳、潜水、驾帆船，然后通过文字博客、照片和视频介绍他的体验。而他的劳动报酬是 15 万澳元，约合 75 万元人民币。

从表面上看，Ben Southall 是该活动的赢家。但实际上，最大的赢家是活动的主办方：昆士兰州旅游局，仅仅投入 170 万美元的广告支出，却获得了价值 1.1 亿美元的全球宣传效应。

澳大利亚大堡礁久负盛名，岛上终年气候舒适宜人，活动多姿多彩，但由于受金融危机冲击，旅客量大减，于是这样一个精心策划的招聘活动，成功实现了旅游产业推广并创收的目的。这个活动本身，因其新颖的创意和眼球效应，被称为世界最成功的旅游推广案例。

今天，这样的工作机会好像是越来越多了。旅游体验师、酒店试睡员、美食试吃员、产品体验官，各种名目的工作层出不穷。一些知名品牌也纷纷聘请明星出任企业“高管”，比如唯品会聘请周杰伦担任首席惊喜官，百雀羚聘请李冰冰担任首席品鉴官，其他的还有杨幂担任云米的首席体验官，陶虹担任方太的首席体验官，赵丽颖担任新日电动车的首席体验官，等等。

当然，上述这些官衔做不得真，明星们多半是在其位并不谋其政，更多的是变相代言而已。但企业设立这样的职位，当然不仅仅是为了宣传效果，更重要的是在向消费者表明，他们已经把体验提升到同质量、技术等一样重要的位置，他们非常重视企业的产品、服务和品牌给到用户的体验感，并致力于打造更优质的客户体验。

为了了解体验类人才的需求状况，我们在领英（linkedin）网站上进行了搜索，结果显示有 100 多万家企业招聘 800 多万个与 experience 相关的职位。同样，在前程无忧（51job）网站的搜索结果显示，“体验”相关的职位也有 100 万个之多。①

随着体验经济的到来，体验类人才的需求激增。通过招聘公告梳理可以发现，用户体验设计、体验专员、客户体验经理等都是招聘热门岗位，有的企业还招聘首席体验官等相关的高级管理岗位。

体验设计师、体验专员、体验经理及首席体验官等全新的体验管理岗位的不断涌现，看似只是简单的部门架构和岗位设置，其背后蕴藏的逻辑却是，传统的经营模式遭遇了前所未有的挑战，企业必须真正向以客户为中心的模式进行转变。

体验制造者

早在 1970 年，未来学家阿尔文·托夫勒在其出版的《未来的冲击》一书中，就提出了“体验制造者”（The Experience Maker）的概念。他大胆预言，农业经济、工业经济、服务经济的下一步是体验经济，体验经济是人类经济发展的一个高级阶段，是人们在基本的物质需求得到满足后所追求的更高层次的人类生活体验阶段。

伴随服务经济的快速发展，体验经济和体验式营销也开始在欧美等发达

①注：此数据为 2019 年 11 月 30 日搜索结果。

国家发展起来，很多知名企业纷纷成为体验经济的践行者。比如微软的“XP”、惠普的“全面客户体验”、迪士尼的“魔法服务”、星巴克的“第三空间”、麦当劳的“我就喜欢”，等等。

1998 年，约瑟夫·派恩和詹姆斯·吉尔摩在《哈佛商业评论》上发表了名为“欢迎进入体验经济”的文章，并于 1999 年出版了《体验经济》一书，正式提出了体验经济（The Experience Economy）这一概念。体验经济是服务经济的延伸，是农业经济、工业经济和服务经济之后的第四类经济类型，强调顾客的感受性满足，重视消费行为发生时顾客的心理体验。

如今，我们已经进入体验经济时代，不论是按 GDP，还是就业人数，尤其是以实际的价值来计算，体验正在超越服务成为主流的经济供应。这个经济价值的演进过程如图 1-1 所示。

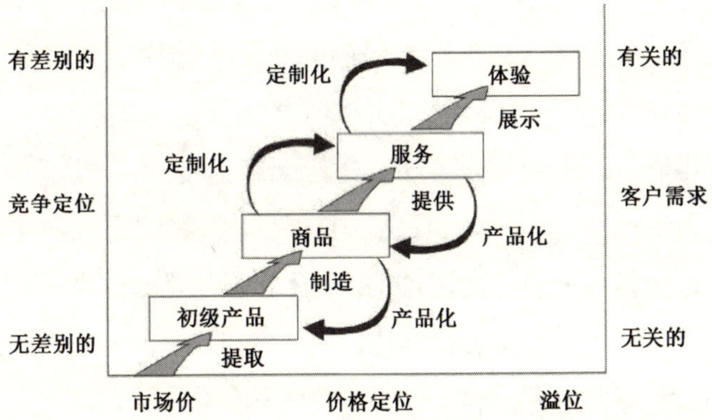

图 1-1　经济价值的演进

资料来源：《体验经济》

用户体验设计师

在技术和经济的飞速发展下，人们对产品的要求越来越苛刻。如何让产品易用、有效而且令人愉悦，成为设计的重点。于是，在工业设计的基础上就产生了交互设计（Interaction Design，IxD）。

唐纳德·诺曼是用户体验设计领域的传奇人物，自20世纪60年代以来，他一直处于人机交互研究领域的前沿，尤其是在以用户为中心的设计领域，他堪称先驱。1993年，唐纳德·诺曼受聘出任苹果公司的首席“用户体验架构师”，负责其产品设计，他想找到一个概念能涵盖人机交互的所有体验，于是就发明了用户体验（User Experience，UX）这个词。

用户体验是指最终用户在使用特定的产品、系统或者服务时，所产生的情感和态度。用户体验首先是要不多也不少地准确满足用户的需求，接着是通过简单而优雅的产品，带来拥有和使用的愉悦感。

在早期的软件开发中，人机界面并没有得到足够的重视，那些由程序员编写出来的产品在销售给最终用户时，其可用性、易用性、用户界面等越来越让人难以忍受。于是，苹果、微软等IT企业开始重视用户体验设计，使其从软件开发的最早期就开始进入整个流程，并贯穿始终。

随着信息技术，尤其是移动互联网技术的发展，人机交互行为大大增加，是否能够提供满意的用户体验，直接决定着流量和生存。于是，用户体验设计师（User Experience Designer，UXD/UED）成为炙手可热的职位，他们不仅创造出符合逻辑、可用性良好的产品，还让产品足够漂亮、令人愉悦。

无论是音乐播放器还是视频网站，新闻资讯还是游戏平台，或者手机里各种类型的App应用，用户体验设计师创造和优化的产品深入我们生活的方方面面。那些我们根本没有感觉到的界面细节和一闪而过的交互环节，都是用户体验设计师耗费大量的时间思考、设计、测试、迭代之后才实现出来的。优秀的用户体验设计师总是能够在内容、用户和商业目标之间找到平衡点，并且设计出让人愉悦的体验。

客户体验管理

客户就是上帝，每个企业都有一个目标，就是创造客户。你的企业只有赢得了客户，才能真正拥有市场，而要赢得客户，首先要考虑的是满足客户需求，持续提高客户满意度。

随着经济和社会的不断发展，消费者在消费过程中已不再满足于基本的产品或服务所带来的功能利益，而是更加注重产品或服务给他们带来的主观价值，即满足心理、情感和精神上的主观诉求，也就是客户体验。

Forrester是全球领先的客户体验研究机构，其在1998年成立了独立的客户体验研究团队，经过14年的研究，这个团队还出版了一本书，书名为《体验为王》，其研究成果表明：客户体验决定成败，提升客户体验，将是企业以低成本换取高效益的一条重要战略途径。

营销大师伯德·施密特在1999年出版了《体验式营销》一书，提出了客户体验管理框架，随后他又出版了《客户体验管理》一书。他把客户体验管理（Customer Experience Management，CEM）定义为“战略性地管理客户对产品或公司的全面体验的过程”。

客户体验管理以提高客户整体体验为出发点，注重与客户的每一次接触，通过协调整合售前、售中和售后等各个阶段，线上线下各种渠道和各种客户接触点，有目的、无缝隙地为客户传递目标信息，创造匹配品牌承诺的正面感觉，进而创造差异化的客户体验。通过对客户体验的有效把握和管理，可以提高客户对企业的满意度和忠诚度，并最终提升企业价值。图1-2所示是实施客户体验管理的一般步骤。

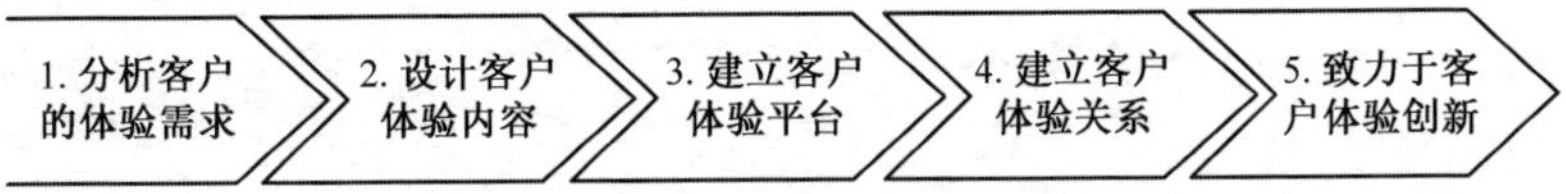

图1-2 实施客户体验管理的一般步骤

今天，通过客户体验管理提升客户体验已经成为很多企业的共识，无论是产品、服务，还是品牌，都在有组织地、系统地以客户为中心进行倾听，并积极响应。一些有远见的企业还建立起了包括净推荐值（Net Promoter Score，

NPS）在内的完整客户体验管理体系，以及敏捷 IT 支撑的客户体验管理系统，为长期的客户体验提升和客户关系建设保驾护航。

每个企业都需要一个 CXO

只有让客户得到优质的消费体验，才能促使他们不断地消费。咨询机构 WALKER 的研究表明，客户体验已经超越产品价格、产品质量等，成为影响客户购买的最重要因素。

Qualtrics 发布的《2019 年客户体验管理状况》报告也显示，81%的公司计划比上一年增加对客户体验的关注。那些不重视客户体验的公司，极有可能失去“轻松挣钱”的机会，也加大了失去现有客户的风险。

CXO 是个什么官

除了少数优秀的企业，大部分企业的客户接触点归属权被分散在不同的职能部门，而且管理方式遵循着各部门自己的设想。由于“部门墙”的广泛存在，一个部门希望全力打造的优质体验，可能轻轻松松就被另外一个部门的某个不经意的操作打得落花流水。比如很多产品的零售部门，都有着自己的一套运营体系，在客户体验和成本效率控制之间寻求平衡，经常会不惜牺牲客户体验。

因此，要成功实现基于品牌承诺向消费者传递的体验，企业必须要有清晰的认识，对于客户体验管理权分散的情况，必须要设置主导的部门来跟踪和衡量，才能保证客户在产品、服务的每一个接触点上有良好的消费体验，从而实现客户价值的最大化。

这也就显示出，企业可能需要一个负责统领客户体验的全新职位，一个高级别管理者来负责客户体验的研究，不断改进、优化产品和服务，推动客户体验的提升，并进行企业内外部的沟通和传达。

这个高级别的管理者就是首席体验官，英文为 Chief Experience Officer，简称为 CXO。

首席体验官是个什么官？显而易见，首席体验官就是企业负责客户体验的最高行政领导。首席体验官的任务就是要持续优化企业内部资源，不断提升客户整体体验，最终实现客户价值和企业价值的最大化。

事实上，首席体验官不是个新名词，在对产品体验非常重视的 IT 行业，这个职位已经频频出现。比如波莉 · 萨姆勒就是全球领先的 CRM 软件服务商 Salesforce 的首席体验官，具体负责让产品能够全力满足客户的需求，提升客户的体验和满意度。波莉 · 萨姆勒的工作对企业的发展发挥着巨大的影响力，她也因此在 2011 年被 IT 杂志《eWeek》评选为全球 IT 业的十大权威女性之一。

如今，很多传统企业也开始关注客户体验部门及高级体验管理岗位的设置，像创新型城市运营商鸿坤地产就发起“百万年薪寻找体验官”的招聘活动，并在企业内部设置了体验总监的高级岗位。其董事长赵彬表示，互联网时代让客户体验变得越来越重要，鸿坤地产希望真正“以客户为中心”，在产品、服务、社区配套、内部管理、企业文化等各方面实现良好的体验。

CEO 首先应该是 CXO

2016 年的某天，京东创始人兼 CEO 刘强东参加早上 8 点半的高管晨会时迟到了，那天他是一位不愉快的客户。他使用京东到家下单买了冰激凌，令他失望的是，冰激凌送到时已经有点化了。他不能容忍这种疏忽。在晨会上，他向高管们宣布，如果这一问题不能解决，将暂缓扩张京东生鲜电商 O2O 业务。晨会一共 30 分钟，剩下的时间都用来讨论冰激凌难题。最终，京东的解决方案是将更多冰袋放入配送箱。

这是刘强东的日常办公状态，他每天在京东上至少下两个订单，持续关注送货是否及时、包装是否牢固、产品质量是否合格。在接受《福布斯》杂志采访时，刘强东说："CEO 必须成为首席体验官，作为 CEO，我常说客户第一，我自己必须是最忠实的客户，要不断体验自己公司的服务。"

2018 年 3 月 15 日，京东正式成立了"客户卓越体验部"。据悉，该部门旨在建立京东集团客户体验持续提升的长效机制，创造更优质的客户体验。京东内部公告显示，客户卓越体验部由京东集团副总裁余睿负责，将致力于客户全生命周期的跟踪管理，持续研究 C 端、B 端客户趋势和习惯，推动集团内部的跨部门客户体验流程优化，建立可实时监控、跟踪、评估的客户体验全流程数据化体系。

由于客户的转换成本很低，所以在各个行业中，IT 业对客户体验是最敏感的。首席体验官这个职位，最先也是在 IT 企业中出现的。比如苹果公司创始人、首席执行官乔布斯，他就把自己的 CEO 解释为首席体验官。

无论是京东的刘强东、苹果的乔布斯，还是 Facebook 的扎克伯格、腾讯的马化腾、网易的丁磊、小米的雷军、360 的周鸿祎，这些 IT 企业的创始人和大佬，他们都有一个显著的特征，那就是他们不仅仅是企业的 CEO，更是企业的 CXO。

那些秉持"首席执行官=首席体验官"理念的企业，它们的业绩明显要强于竞争对手，它们大都发展成为行业的领导者，甚至是冠军型的企业。究其原因，就是这些企业非常重视客户体验，在产品开发和服务设计中总是把客户放在第一位。而那些对客户体验不够敏感的企业，就很难形成重视客户体验的企业文化，也就很难把客户放在最重要的位置，最终的结果就是被客户和市场无情地抛弃。

今天，提升客户体验已经是共识，但能把体验落实到行动上的企业，少之又少。即使那些设立了体验职能部门，以及相应高级别管理者的企业，体验管理者在企业的真实影响力，也并不像看起来那么大，很多时候在体验提升方面难以作为，其中的一个重要原因就是这些体验管理者没有能力调配企业的所有资源去完成既定的目标。

CXO 的工作职责

一个成功的 CXO，具体做什么呢？作为一个全新的职位，我们认为应该有以下这些方面的内容。

1. 管理和提升客户体验

客户体验作为企业的一个系统工程，不只是建立一个鲜明的品牌形象，还是构建一个围绕客户的，跨渠道、全流程、全接触点的体验系统，涵盖产品、技术、服务和营销活动多个方面。优秀的企业已经不再是仅凭创新的产品和服务立足于市场，它们更致力于以强大的品牌，在全价值链为客户创造极致的体验。

作为客户体验的第一负责人，CXO 必须带领他的团队，细分市场，找到最有价值的客户群，并保持和客户站在一起，了解客户行为地图，洞察客户需求，提供有价值的解决方案，在产品和服务的所有接触点进行监听，通过体验模型、体验矩阵等工具和方法，持续改善和优化关键体验，从而提升客户的整体体验。

2. 打通产品、技术、服务和市场

每个企业都有自己的运行系统，包括从产品的研发设计、测试、迭代、制造，到上市推广、销售，以及相应的技术和服务支持。但由于各个部门业务能力不足，以及组织协调、沟通配合等方面存在问题，往往无法形成一个有机整体。

因此，CXO 得是一个跨部门和跨专业的人才，CXO 要充分了解企业的

资源状况，了解产品流程、技术水平、服务能力，以及满足客户需求、提升关键体验的运行成本。CXO 不只是了解客户，也要了解产品、了解技术，还要善于内外部的沟通协调，打通产品、技术、服务、市场等所有连接客户的通道，才能形成对客户需求的及时响应和有力支持。

3. 设计和优化运营架构

组织的目的在于分工协作，提高积极性，完成企业既定目标。为了达成客户体验提升的目标，CXO 需要结合市场需求和内部资源，设计和不断优化组织架构、运营策略，以及跨部门的产品和服务流程。同时，评价考核和激励机制也是非常重要的，优秀的 CXO 要善于使用各种管理工具来达成目的。

4. 促进业绩持续增长

CXO 不是虚职，体验部门更不是成本部门。企业增加客户体验不是以增加成本为代价的，企业追求的是，不断提升客户体验来实现客户价值的持续提升。这里所说的客户价值，一方面是强调企业给到客户的价值，另一方面也是强调客户给到企业的价值，比如新客户的增加、老客户的持续消费、销售价格的提高、口碑效应等。CXO 不只要注重客户体验，更要注重通过体验管理促进组织业绩的持续增长。

5. 推动建立体验型企业文化

文化是现代企业的灵魂，文化建设将对企业的经营产生深远影响。CXO 要在企业内部推动建立体验型企业文化，在整个组织营造浓厚的“以客户为中心”“体验至上”的文化氛围，改变员工固有的、阻碍企业发展的心智模式，形成认同感并积极展开行动，从而打造独树一帜的企业文化，推动企业核心竞争力稳步上升。

这里要指出的是，要提供成功的客户体验，还有赖于产品体验、员工体验、品牌体验的塑造。只有企业从上到董事会、下到一线员工都积极认同和大力支持，把体验思维融入企业的基因，首席体验官的工作才能有效展开，企业也才有可能在激烈的市场竞争中率先突围并保持长久的优势。

准确来说，首席体验官不只是在企业设立一个高管岗位，更是企业全面关注客户体验的战略转型。

体验是竞争的基本单位

今天，大家都在讲体验。品牌体验、客户体验、产品体验、用户体验、服务体验、营销体验、体验设计、体验思维，各种体验概念满天飞。体验，已经成为各行各业都在潜心钻研的一个新兴领域。

体验无处不在，旅行的体验、开车的体验、使用产品的体验、美妆的体验、玩游戏的体验、看电影的体验、就餐的体验、购物的体验、医院看病的体验等，这些都是体验。

对于企业的客户来说，产品的包装、产品的性能、手机 App、公司官网、宣传广告，结账、消费者服务政策、员工的着装、问候客户的方式，以及你的商店看起来、闻起来及听起来怎样，等等，都直接影响着他们的体验。

什么是体验

体验的英文是 experience，来源于拉丁文 experientia，意思是探查、试验。按照亚里士多德的解释，体验是感觉记忆，是由许多次同样的记忆在一起形成的经验。

在生理学看来，体验就是“五感”，包括视觉、听觉、味觉、触觉和嗅觉；在心理学领域，体验被定义为一种情绪；在产品设计领域，体验是对产品的“看与感受”；在商业领域，体验则是一种经济手段。

伯德·施密特在他的《体验式营销》一书中，通过“人脑模块分析”和心理社会学说研究了消费者的体验，他把体验分为感官（Sense）、情感（Feel）、思考（Think）、行为（Act）和关联（Relate）五个方面。

简单来说，体验就是感受。是人们在特定的时间、地点和环境条件下的一种情绪或者情感上的感受。

很显然，体验有如下的这些特征：

- 无形性。和有形的产品相比，体验是无形的，是客户的一种感受；
- 场景性。体验与特定的场景相关，不同的场景条件下，获得的体验是不同的；
- 差异性。体验因人而异，不同的人对于相同事件的体验可能完全不同；
- 独特性。体验与经验不同，有自身独特的性质；
- 持续性。在持续的互动中，体验会保存、累积和叠加，当预期目的达到时，整个体验不是结束，而是有实现的感觉；
- 动态性。体验不是静态的，而是动态的，当一种体验成为普遍形态，客户就会追求新的体验。

如果用数学公式来表达的话，那体验应该是如下这样两个公式：

1. 体验公式一

体验 = 实际体验 – 客户预期

体验这种感受呈现出来的，就是客户对产品或服务的“实际体验”与“预期”之间的差距，因此，体验就是要“超出预期”。

2. 体验公式二

体验 = 新体验 – 旧体验

对于非首次消费的客户来说，体验是新体验和旧体验的差别。客户的要求标准是不断升级的，当一种新体验出来的时候，客户可能会比较欣喜，但多次消费后他们就会习以为常，就会视其为“标配”，所以需要持续的体验改进、优化和创新。

体验是个 X

体验回报是实实在在的，当客户感觉被重视和赞赏时，企业将能获得巨大的收益。普华永道的《未来客户体验调查 2017/2018》报告显示，那些重视体验的品牌，在满足和超出客户的期望后，将能赢得更多客户消费的机会，以及潜在的价格上涨，价格溢价高达 16%。

而糟糕的体验会让客户离去，而且比想象的还要快。17%的人会在一次糟糕的体验后就离去，即使是人们喜欢的某个品牌或者产品，经历过 3 次糟糕的体验后，有 59%的人也会选择离去。

新一代的消费者越来越重视体验，他们愿意为自己看重的，有品质、友好、便利、个性化、有趣的体验付出更多。有些时候，即便不是坏的体验，可能只是缺乏一个好体验，但结果也一样，都会被消费者残忍地贴上“无感”的标签，被他们扔进冰冷的回收站。

在我们的《体验感》一书中，我们对客户的第一感进行了定义，那就是体验感。客户的第一感有两层含义：一层是客户第一次的感觉，是客户还没有购买、消费品牌的产品和服务，仅仅是通过品牌的传播，以及其他客户的评价而形成的对品牌初步的感觉印象；另一层是客户第一位的、最高的感觉，是客户经过完整体验之旅后，对品牌整体的感觉印象。

体验感的好与坏，直接决定了客户是购买还是放弃，也就决定了品牌与产品的生与死。所以，营销的重点，就是要从客户旅程的视角，绘制广阔的客户体验生态，提供成功的客户体验。

在数学中，*X* 代表未知数。在营销领域，体验就是 *X*，企业要求解的 *X* 是提供给客户的体验。体验是否与客户相关，是否让客户满意，是否独特、美好且不可替代，越来越重要。如果没有决定性的体验，你的品牌和产品将非常凄惨，它们最终会沦落为被客户们分享与评价的牺牲品。

体验是个 X，要成功求解这个 X，企业可能需要回答以下这些问题：

- 企业未来的愿景是什么？
- 你的核心产品或服务能提供的体验是什么？
- 体验关系是否配称，是否很好地贯穿于客户旅程？
- 有没有良好的体验生态、驱动持续创新来实现增长？
- 品牌的独特性和相关性，有没有与客户建立情感上的联系？
- 所有的体验有没有贯穿起来，并连接在同一个品牌下？
- ……

竞争的基本单位

在今天的商业世界中，供过于求是普遍现象。为了说服消费者购买自己的产品，不同规模的竞争就在生产同类产品的企业之间进行着，每个企业都在用尽各种招数，向消费者传递着“买我”的信息。

说到商业世界的竞争，通常的理解就是企业之间的竞争，比如企业的商业模式、品牌、渠道、资金，以及原材料、配方、技术、人才等关键资源的竞争。但在消费者主权的时代，权力的天平已经完全向消费者一侧倾斜，正确的做法不是站在企业角度，而是站在消费者的角度来思考这个问题。

我们今天所处的时代，产品空前丰富，消费者的各种需求基本都能得到满足。譬如常用的洗发水，就有去屑的、营养的、柔顺的、修复的、草本的、中药的、黑发的、防脱的、头皮护理的，基本上消费者能想象到的功能已经全有了，企业想要在产品层面上形成差异化越来越难。

随着经济和社会的发展，人们的消费正呈现从理性消费到感性消费，甚至感觉消费的演变趋势。新的消费精神是追求精致而不是品质，追求精神满足而不是物质功能，追求出众而不是从众，追求想要而不是需要。

今天的消费者，他们在购买时，并不在意谁是品类领导者，谁的品牌知名度高，也不在意你和竞争对手有多大差异。他们在意的是你的产品能否满足并实现他们的精神表达、审美表达、自我表达、兴趣表达，以及你能否通过品牌为他们创造一种难忘的、个性化的体验。

那在产品和服务极大丰富的今天，竞争的基本单位是什么呢？

我们理解，商业竞争的基本单位是客户的体验。那些客户自己亲身的体验，以及来自他们的朋友（Friends）、粉丝（Fans）、追随者（Followers）等“F力量”的体验，直接左右和决定了他们的购买行为。

因此，营销的颗粒度需要更加细化，需要利用大数据和算法等各种新技术，对线上线下各种渠道的所有接触点进行监控分析，了解客户的满意、困惑及愤怒，并展开有效的行动。

ROX是新的投资回报率

一直以来，投资回报率都是衡量一个企业经营效果和效率的一项重要指标。投资回报率的英文名为Return on Investment，缩写为ROI。

金融学对ROI有个经典的公式，即ROI=回报/投资×100%。将回报（产出所得）除以为了产出这一回报而进行的投资，就是投资回报率。通过ROI，可以直观看出企业从一项投资性商业活动的投资中得到的经济回报。

ROI的优点在于计算简单，具有横向可比性，可以很好地用来判断各项投资经营业绩的优劣，常常作为“变现指标”用在营销中，对广告、获客、客户保持等进行绩效评估。但ROI也有一个最明显的不足，那就是缺乏全局观念，衡量的是一个“瞬时”的效果，而我们都知道，营销真正的效果是与时间息息相关的，是持续效果。

营销的环境已经发生很大的变化，通过猛投广告、购买流量实现利润为正的做法越来越难以为继。大家都已经慢慢认识到，品牌的持续投入、更精细化的用户运营才是最重要的事。ROI 这样的“变现指标”，其实已经越来越局限了。

什么是 ROX

体验正在成为竞争的终极战场，如果你的品牌和产品让消费者“无感”，那你就离出局不远了。要跟上不断变化的消费者，企业需要关注和衡量的是消费者对你的产品和品牌的体验。

传统的投资回报率指标已经无法衡量一个企业是否成功，你需要把更多的投资转向客户认为最有意义的地方，比如你的价值主张、产品和服务的组合、客户旅程管理等。

当你的企业专注于满足客户体验的更高期望的时候，也就意味着你拥有了更多的机会和可能性。而此时，就需要制订一项新的指标，用它来衡量你对客户的投资回报。

这就是 ROX（Return on Experience），我们把它称为体验回报率。

ROI 与企业的盈利能力息息相关，是判断一个企业成功与否的重要指标。在以客户为中心的体验时代，ROX 将会成为新的标准，ROX 的高低很有可能决定企业的生死存亡。

布鲁金斯学会的报告显示，截至 2018 年 9 月，全球已有近一半人迈入中产队伍。对于企业而言，要想在激烈的商业竞争中脱颖而出，意味着你需要加大对客户体验的投入，来满足愈加理性、挑剔且强大的消费者。你不仅要了解客户的需求和愿望，还要通过设计新的体验、创造新的需求，与他们建立广泛的强连接关系。

一些领先的企业已经开始探索 ROX，可以预见，作为一种跟踪企业在客户体验中投资结果的新方式，ROX 将会是企业接下来的发展重点。

优先投资客户体验

年轻一代的消费者，在科技快速发展的数字化时代，他们希望享受更多的科技红利和更为极致的体验。当然，他们也愿意为此支付额外的费用。对于你的品牌来说，优化体验是创造价值的重要方式，同时也是其优于竟品的利器之一，在产品同质化情况严重时，每个环节都可能是客户的转化点，抓住关键接触点为消费者创造价值就变得至关重要。

可以肯定的是，良好的体验和每个接触点的优质服务能增加消费者的满意度，在给予消费者便捷体验的同时，提升品牌单个消费者购买率。普华永道《2019 全球消费者洞察调查》报告就显示，越来越多的客户希望获得经过策划的、与渠道无关的、具有社会意识的、由社交媒体提供支持的体验。

很多企业都把客户体验放在优先投资的位置。比如优衣库顺应消费者购买习惯的改变，推出 Digital POP 优衣“码”，轻松一扫就可以获取丰富的商品信息，让购买变得随时随地都可进行。Digital POP 将海报转化为 360 度随时与消费者互动的载体，无论在门店还是户外，消费者都可以及时获得所需要的商品信息、穿搭建议，实现导购效果。同时可以让线上用户通过查询库存和店铺地址、优惠信息等功能优化购买决策，从而实现双向导流。

健身科技公司 Peloton 曾陷入客户体验的低谷，该公司的高端动感单车业务遭到消费者吐槽，他们都表示绝不会把该品牌的单车推荐给家人朋友。而这一切都是因为 Peloton 糟糕的物流服务，相对于产品功能等体验，物流服务很容易被商家所忽略。当 Peloton 发现差评的根源后，立即做出了整改，把大部分的第三方物流外包服务取消，70%的运送改由自己的公司承担。

ROX 如何衡量

几乎每个企业都知道客户体验对利润增长的重要性，但它们一直也很困惑，那就是不知道投资回报有多少来自“客户体验”。因此，就需要一整套的指标来帮助企业更好地理解其在客户体验上的投入到底值不值得，比如体验能带来多少收入、提升多少转化率、降低多少流失率，等等。

衡量体验回报率，可以参考普华永道的 ROX 模型（见图 1-3）。这个模型将使企业置于一个良性的 ROX 闭环中，可以帮助企业识别“少而精的行为决策”，比如安排合适的一线员工、制订相关的内部制度以保证良好的客户体验等，从而强化企业的品牌价值。

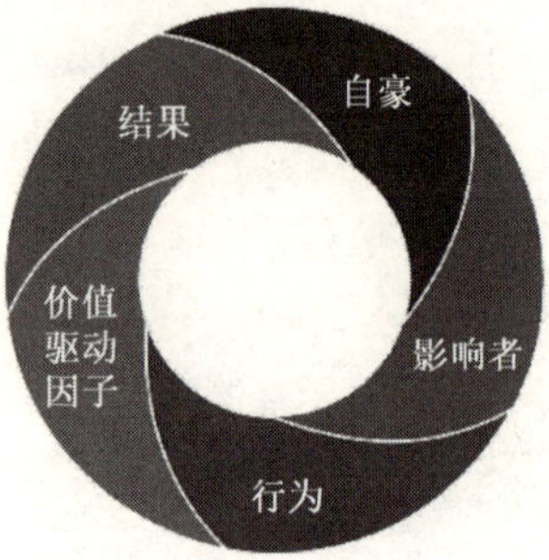

图 1-3　ROX 模型

资料来源：PwC 2019

ROX 模型包括以下 5 个关键要素。

- **自豪**（Pride）：从情感上认同品牌的蓝图和战略；
- **影响者**（Influencers）：释放情感能量，与消费者建立连接；
- **行为**（Behaviours）：定义组织文化、推动卓越，并嵌入绩效管理之中；
- **价值驱动因子**（Value Drivers）：在顾客和员工心中，品牌价值的来源；
- **结果**（Outcome）：更高的 ROX 所产生的财务回报。

要注意的是，ROX 不是一天建成的。ROX 的措施可以随着时间的推移逐步发展完善。在此过程中，你应在自己的业务系统中围绕 ROX 框架的 5 个要素进行反复测试，收集相关数据并逐步建立起关键绩效指标（KPI）。

新营销：从卖产品到卖体验

传统的营销，都是典型的交易型营销，企业站在自己的角度通过运营方式销售产品，只管卖出去就行了，成交额用数字说话。

然而到了新商业时代，产品同质化竞争激烈，客户体验如果不好，成交一次后真的会用脚投票，很多当年红得发紫的品牌被年轻一代的消费主力抛弃，其背后的根源都是消费体验欠佳的问题。

显然，以突出产品特色、功效、价值为主的交易型传统营销观念已经滞后于广大消费者的需求，不能适应整个营销的发展。体验经济的到来，让人们的消费观念发生改变，而购买力的提高使大家不再只满足于物质本身，而是更多地倾向于心理和精神的需求。

新的营销，正在从卖产品转变为卖体验。以可口可乐公司来说，或许在100年前，它就是卖一瓶饮料，但是今天，它卖的是一种年轻流行的生活方式体验。"我不卖可口可乐，卖的是生活方式"是可口可乐公司的广告词，陪伴无数人成长的可口可乐，无论从新口味还是跟潮牌的合作，都在宣扬一种年轻的态度。甚至有人评价说，世界上最好玩的饮料，应该就是可口可乐了。

伯德·施密特是体验式营销的率先提出者，在他的《体验式营销》一书中，他分析了体验式营销的几个特点：

- 注重客户的体验；
- 消费是一种体验；
- 客户是理智的感情动物；
- 营销方法和手段多变。

所谓体验式营销（Experiential Marketing），是和传统的交易式营销对应来说的。体验式营销，要求企业以客户为中心，站在客户的角度，重新定义、设计营销策略和方法，满足客户对体验的美好追求。客户在消费前、消费中和消费后的体验，是品牌研究的关键。

随着消费者行为和市场趋势的变化，体验式营销经过 10 多年来的理论研究和实践应用，呈现了明显的 3 个阶段的演进，如图 1-4 所示。

图 1-4　体验式营销的演进

阶段 1：关键接触点的相关性营销；

阶段 2：跨渠道全流程的个性化营销；

阶段 3：客户资产驱动的品牌体验塑造。

体验式营销 1.0：关键接触点的相关性营销

早期的体验式营销，通常是在营销的一些关键接触点上进行创新，基于对营销的分析，探索出客户在体验中的“痛点”，并针对这些“痛点”进行优化，展开相关性营销，从而获得客户的赞誉，树立品牌的口碑。

比如在房地产行业中，很多开发商在楼盘还没有竣工时的“期房”营销中，通常都会打造样板房、样板区及城市展厅等，让客户在真实的生活范本中体验到未来整个楼盘的生活氛围或生活方式。建材家居公司会设置样板间，装修公司会设置工法展示区，其目的也都是一样的。

近年来餐饮业的发展，也凸显出体验式营销 1.0 的特征。最早是服务，像海底捞就是靠非常好的服务体验赢得了市场，成长为一个强势品牌。后来是环境体验，很多餐厅，你从外观看及进入内部后感觉环境特别好，特别舒服，也就刺激了消费的欲望。但当下的餐饮业又回归到了“吃”上面，更加关注菜品和食材。

这是体验式营销的第一阶段，在单个的关键接触点上进行相关性营销。今天，如果你的企业还局限于此，那显然是不够的。

体验式营销 2.0：跨渠道全流程的个性化营销

随着智能手机的普及和移动终端的快速发展，企业和客户之间的接触点数量呈现爆炸式的增长，客户的时间和空间越来越碎片化。要成功吸引客户的注意，实现拉新、促活、留存、转化的营销任务，就需要进行线上线下的跨渠道布局，关注数字化渠道与传统渠道的互联互通。

大家应该都遇到过产品推荐，你在一个会员制网站上购物，收藏了几件自己喜欢的东西，随后你就会收到邮件，网站为你推荐了很多不错的产品，这就是大数据的力量。就像星巴克推出的“超星星挑战”，系统会根据每一位忠实会员以往的消费习惯来定制他们积分换取的奖品。

无论是用复杂的算法向客户提供针对性的产品及服务，还是花心思为客户制订折扣和奖励信息，个性化越强，客户黏性就越高。今天的消费者需求正在从“合群”转向“本我”，对自我关注与表达的诉求越来越强烈。我们看到有很多企业都关注到了这一点，它们都在尽力为客户提供强相关、个性化的产品和消费体验。

比如连咖啡推出的“口袋咖啡馆”小程序，让客户体验了一把开店的感觉。大家可以在线开一家自己定义的虚拟咖啡店，按照个人的喜好装修，选择要售卖的产品，在社交平台与朋友分享。每当好友从店铺购买咖啡，自己就会得到相应的奖励。

要在各个维度上实现个性化，就需要把握住各个渠道、各个流程与客户的接触点，当然这要求企业组织的不同部门之间通力协作，将客户的线上线下体验无缝对接。今天，绝大多数的消费者在整个购物过程中都受到线上的影响，因此当企业对线上个性化营销投入更多时，就会比传统营销模式获得更多的曝光，收到更好的效果。

体验式营销 3.0：客户资产驱动的品牌体验塑造

在产品为王的时代，企业聚焦于为客户提供基础的产品和服务，客户也满足于获得必备的产品。而随着商业竞争的日益激烈，产品过剩和同质化现象加剧，客户主权时代正在到来，客户不再主动去探索某个产品、某个渠道，取而代之的是在自己的生活场景中被吸引或被触动。

如今，你的品牌已经没有意义，成为客户的品牌才是关键。在行业红利见顶的情况下，抢夺存量市场越来越重要，客户被作为资产放在营销的最核心位置。而客户资产管理（Customer Asset Management，CAM）作为一种新的管理理念，正逐渐被广为认知。CAM 的关键之处在丁将客户纳入企业资产，并以客户资产为核心，优化配置企业资源，提升客户满意度、忠诚度和客户价值。

我们今天说起华为的时候会想到任正非，说起阿里巴巴的时候会想起马云，说起褚橙的时候会想到褚时健，说起格力的时候会想起董明珠，说茅台知道是国酒，说云南白药知道是国家保密配方，这就是品牌体验的力量。而江小白、三只松鼠等新兴的年轻品牌，更是很好地把品牌转化为客户美好的体验，迅速抢占那些传统企业的市场份额。

品牌即体验。在新的商业环境下，每个企业都必须以客户为中心，跨渠道、全流程、全接触点地塑造自身特有的品牌化客户体验，创造匹配品牌承诺的正面感觉，建立自己的粉丝系统，进而提升客户资产，增加客户终生价值，为企业创造更大的价值。

体验式营销的目的是通过企业的产品、渠道、流程、品牌和员工，为客户提供愉悦的体验，提高留存率和转化率。体验式营销框架如图 1-5 所示。

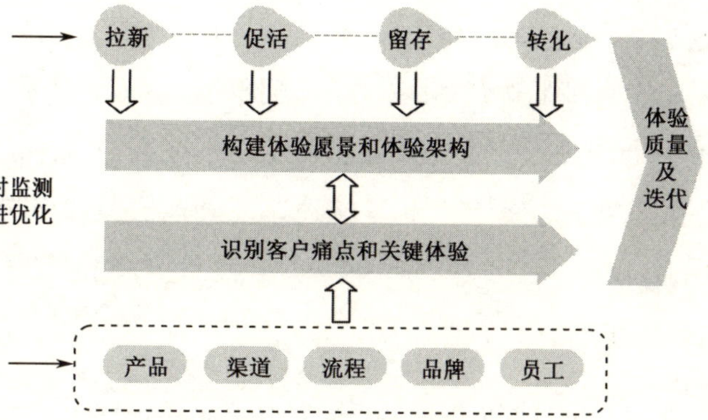

图 1-5 体验式营销框架

资料来源：客户世界

新的营销语境正是企业转型的契机。卓越的体验式营销，首先一定是以产品为核心，努力打造有产品力的产品，向客户提供能打动人心的产品、服务和解决方案；其次是让客户体验更加有效，在全接触点上让客户拥有愉悦的客户体验；第三是把客户体验品牌化，构建有体验感的品牌；最后是要建立一支优秀的体验团队，比如很多企业设置了 CXO 的职位，就是希望体验式营销能够得到更好的贯彻执行。

新运营：从 O 数据到 X 数据

阿里巴巴创始人马云在 2016 年云栖大会上的主题演讲中，提出了关于未来的“五新”观点，包括新零售、新制造、新金融、新技术和新能源。关于新能源，马云认为过去的发展基于石油和煤的传统能源，而未来的技术发展则基于新能源，这里指数据。

数据的意义不言而喻。企业收集、存储、分析数据，就是为了解决业务需求，优化业务运营流程，提高其经营效率并降低成本。通过对企业业务数据的挖掘、深度分析和可视化展现，可充分发现业务运营中的问题，进而制订更科学合理的运营策略，实现数据的价值。尤其是在大数据和人工智能飞速发展的今天，企业如果能够及时掌握精确、完整的企业数据，就可以通过对数据的挖掘与分析，快速、准确地把握客户的个性化需求，并进行变现。

O 数据

几十年来，企业都是依靠运营数据（Operational Data）来为其业务决策提供信息的。这些运营数据包括成本、会计和销售等直观的数字，我们称之为 O 数据（O-data）。

各类 O 数据在企业生产经营中起着至关重要的作用。这些数据是企业生产、经营等几乎所有的活动所依赖的、不可或缺的信息，它们犹如企业经营者的眼睛一样。通过数据可以反映出经营的问题，就像舵手依赖导航一样。

O 数据可以分为生产数据、销售数据、市场数据、财务数据、人力资源数据等，不同的数据起到的作用是不一样的。比如销售数据，它可以反映销售状况，通过时间、市场环境、趋势等变量，来反映企业的经营状况、生产状况，管理者可以根据数据做出精准判断，从而指导销售、生产，以及制订科学的经营计划等。

X 数据

但 O 数据只告诉你发生了什么，它没有告诉你原因。比如一款产品卖得不好，销售数据中可能只有日、周、月销量，各个渠道的上架及库存情况。要真正了解事情发生的原因，就需要获取客户端的数据，比如客户为什么不喜欢、产品体验如何、在消费过程中有哪些不爽，等等。

很明显，在 O 数据之外，企业还需要洞察和拥有的另一类信息，就是客户的体验数据（Experience Data），我们称之为 X 数据。只有了解客户（购买者和使用者）、员工、供应链的相关伙伴，知道他们的想法和真实情感，才能制订有效的策略和计划。

在传统的消费时代，人们关注的是产品，关注产品的性能和价格，关注产品的可靠性、便利性、性价比等。但在今天的体验时代，价值观、个性化、亲和力、有趣、健康等情感体验成为左右人们决策的关键因素。

今天有很多的企业，投入了很多，布了很大的局，但仍然失败了，就是因为没有找到客户真正的体验点，出现了体验脱节或体验失灵的情况。企业的想法往往不一定是客户想要的，因为客户在选择时，更多时候是感性的、非逻辑性的。而要想找到客户真正的体验点，就有赖于 X 数据的抓取和洞察。

体验数据的采集

企业的数据来源通常有以下 3 类：

- 企业内部的交易数据；
- 企业同客户之间的交互数据；
- 第三方数据，或称为外部数据。

以前，企业的数据资产大多是建立在交易数据之上的，利用客户属性、销售数据、物流数据、内部流程数据等建立数据资产，开展商业应用。随着体验经济时代的到来，交互数据越来越重要，对交互数据进行采集和管理的广度和深度都在加大，某企业营销数据管理平台如图 1-6 所示。

通过采集的数据信息，企业可以预测市场需求，进行智能化决策分析，从而制订更加有效的战略。同时，企业可以以 O 数据和 X 数据为核心，优化管理运营，通过为客户画像，进行市场和渠道分析、销售数据分析，改进产品性能，提升运营效率，从而进行精准营销。

除了系统智能自动化采集，企业还可以通过定期或不定期的客户调研、邮件调查、座谈会、焦点小组访谈等方式采集客户的体验数据，以定性的方式进行辅助分析。

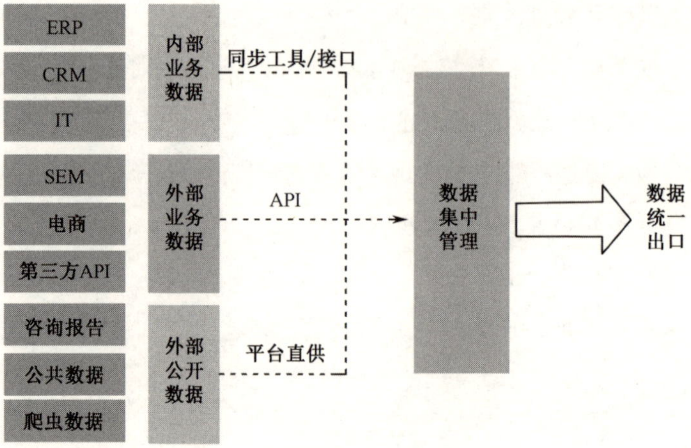

图 1-6　某企业营销数据管理平台

构建体验驱动的增长引擎

2013 年，著名的《汽车潮流》杂志的 11 位编辑史无前例地一致投票，将该年年度汽车奖颁给 Model S，这是其 65 年历史上第一次给内燃车以外的汽车颁奖，正如他们的评语："Model S 不仅仅是一辆伟大的电动车，它本身就是一台伟大的汽车。"美国权威的汽车评论杂志《消费者报告》在经过长期测评之后也给了 Model S 历史最高分 99 分，满分是 100 分，评语是"几乎完美的汽车"。

从用户的反馈来看，Model S 的驾乘体验是惊人的：没有了反人性的换挡设置，起步时就可以提供峰值扭矩，加速的动力源源不断，百公里加速表现超越运动型跑车宝马 M5 和奔驰 E63 AMG；甚至连发动按钮都不需要，打开车门坐好，踩下加速踏板就可以直接行驶；刹车变成了一个真正在紧急情况下才需要触发的装置，完善的制动能量回收系统会在松开加速踏板时强制减速，驾驶的绝大部分时间里完全不需要换脚去踩另外一个东西；静如耳语的行驶过程、反应灵敏的大触摸中控屏、和互联网永远随时连接的谷歌地图导航、能语音控制播放任意歌曲的点播系统，增添了更多的驾乘乐趣；可以通过智能手机上的 App 远程掌握车的位置、观察充电状态、提前打开车上的空调等；另外一些新特性可以通过互联网直接更新车内操作系统软件来获得。Model S 所有这些人性化的用户体验让 Model S 的车主在将车子送修或者保养时如坐针毡，以至于完全没有办法重新适应回之前的内燃车，总觉得又吵又臭，反应迟钝，甚至很多时候会忘记车子还要熄火。

特斯拉的销售策略也颠覆了传统，完全不通过任何汽车经销商，所有的车都只通过自己的门店和网站直销。马斯克请来苹果公司前销售主管乔治·布兰肯希普担任特斯拉汽车销售及车主体验副总裁，他们以苹果零售店的形式将特斯拉的销售门店开到了人流繁华的闹市和商场，并且销售人员没有一分钱的提成奖励。“我不想推销任何一台特斯拉，”乔治说，“我希望人们买了特斯拉是因为车是他们真正想要的。如果他们走进特斯拉门店，感受到我们造车的诚意，想着有一天会拥有一台我们的汽车，那才是我想让门店工作的方式。”在商场和其他高流量的购物场所通过令人瞠目的产品抓住人们的注意力，经过进一步的介绍和试驾，让人们爱上这车，就是特斯拉营销战略的核心。这和传统车商陈列得拥挤不堪的 4S 店、滔滔不绝充满强烈卖车欲望的销售人员形成了鲜明的对比。

自带流量的特斯拉，其市值在 2018 年首次突破 600 亿美元，一举超过老牌车企通用汽车，成为美国最有价值的汽车品牌，并从电动车制造商转型为真正的汽车制造商。

驱动增长的关键要素

随着互联网时代大量新技术的应用和发展，消费者越来越掌握主动权。数据显示，94%的消费者愿意为更好的客户体验和适当的溢价买单，89%的消费者在体验不佳后转向了它的竞争对手，26%的消费者会因为不满意体验在网上传播抱怨信息。

这些年我们一直在关注企业的成长，尤其是那些成功的企业，究竟是什么力量在驱动它们健康而又快速地增长？特斯拉的成功，给了我们两个启示：一是科技驱动变革，二是客户体验是变革的主要方向。

2007 年，Dave McClure 提出了一种业务增长模式——海盗指标 AARRR，在他的演讲《海盗的启动指标》中，McClure 制订了 AARRR 模型来跟踪产品营销和管理过程。十多年来，这个模型几乎成了行业标准，一讲营销，一讲运营，就必讲 AARRR 模型，如下图 1-7 所示。

图 1-7　AARRR 模型

毫无疑问，客户数的增长是企业绩效增长的源头，只有你的新客户数持续增长、老客户复购率上升，才能驱动企业实现营收和利润的增长。

营销说白了，就是一个不断“拉新”和“维老”的过程。AARRR 模型中隐藏的一个关键要素是“体验”，无论是拉新、激活、留存、变现还是推荐，形成口碑的自传播，都取决于你是否为客户提供了成功的体验。只有通过产品和服务去建立起与客户之间的连接，持续提供满足客户需求、符合客户价值主张的产品和服务，才能创造客户、留住客户并建立起亲密的客户关系。

为了实现更远大的商业目标，你的企业必须聚焦于客户的体验，不仅仅是在某些渠道的体验上投资，更是在全渠道体验提升上投资。

爱彼迎 Airbnb 就是“体验至上”忠实的信奉者，其 CEO 布莱恩 · 切斯基曾经说过一句话：“最高明的营销是把钱都砸在客户的体验上，然后客户会自发地为你打广告。”

体验驱动型企业

以前，我们会把产品、技术、运营、营销等作为驱动企业绩效增长的主要因素，从而定义出产品驱动型、技术驱动型、运营驱动型及营销驱动型的企业。而今天，这些企业都在发生着改变，从产品、技术、运营、营销驱动型企业转型为以客户为中心的体验驱动型企业（Experience-Driven Businesses）。

Forrester 机构发布的《2018 体验投资的商业效果分析》显示，那些愿意在客户体验方面进行长期投资的品牌正在从中受益，重视客户体验的品牌平均达到了 23%的营收增长率，而其他企业的平均营收增长率仅为 13%。

1. 体验驱动型企业宁愿牺牲短期利益，也要全方位提升客户体验

那些优先考虑如何全方位提升客户体验的企业通常成本会更高，但它们的广告回报却高出两倍。同时，它们的销售年增长率也会提高 80%，客户生命周期价值也会翻番。

2. 体验驱动型企业更关注客户

这些企业会在特定的客户体验和市场营销举措上投资，比如忠诚度项目和客户分析项目，它们与上一年同期相比增加投资的可能性也会提高两倍。

3. 体验驱动型企业的员工幸福度更高、更加敬业

这些企业中的员工与同类企业中的员工相比，个人和团队满意度都要高 60%。同时，他们对企业整体的满意度也会提升 30%。

越来越多的企业已经意识到，投资客户体验至关重要，企业投资客户体

验所带来的影响力也在逐渐增强。但是根据 Forrester 机构的调研结果，亚太地区只有 29%的品牌认为自己是体验驱动型企业，大量的企业要走的路还很长。

要提升一个企业的体验成熟度，并不是组建一个用户体验部门，招聘几个设计师，以用户为中心进行套路设计就可以了。你必须在企业文化、组织结构、人员水平、流程管理、技术工具和平台等进行系统性的投入，真正实现企业和运营模式的数字化转型，才能说是做到了体验驱动。

谁来发动引擎

营销相关理念和方法所受的互联网和移动技术的影响是前所未有的，尤其是在移动互联网普及之后，数字化营销对于传统营销的冲击，就像是一场翻天覆地的革命。由于营销技术化和数据化的不断渗透，企业品牌资产的价值已经从传统的企业自身延展出去，从品牌知名度、认知度到以客户视角、客户行为触发的内容交互，再到企业服务的数字化、数据化不断升级。

但无论技术如何变化，营销的核心目标是不变的，那就是为客户创造价值。在创造客户价值的基础上，实现企业销售额增长、品牌价值提升和客户忠诚度提升。

创新和转型在每个企业都已经是老生常谈的话题。对于任何一个企业来说，构建体验驱动的增长引擎，打造体验驱动型企业，这其中最大的因素还是人。

首先，最需要的是找到一个有能力推进体验战略的人。

这个人就是我们说的首席体验官，是一个能够从上至下一以贯之的推动者和一个具备体验思维并勇于接受变化的执行者。他既要懂技术、懂营销，又要懂管理。首席体验官身上往往具备这些特质：思想家；懂营销；善于推动组织内部变化；可以阅读、分析数据；懂美工，会装程序；有创意，是“段子手”；敏捷的行动派。

其次，企业还需要处理好所有人与体验战略之间的关系。

这项关于客户体验的提升工程，无疑是庞大和复杂的。由于企业内部有不同程度的“部门墙”和上下级间的“楼板层”，以及在“墙”与“楼板”背后的既得利益团体或个体，大家都认为自己才是最重要的。在战略实施过程中，要把对组织成员的“副作用”尽可能降到最低，甚至没有“副作用”，反而让组织成员更主动和自觉地来支持。

优秀 CXO 的四堂必修课

从企业外部看，首席体验官是个多么令人羡慕的职位啊，简直是躺着就把钱挣了。而在企业内部，大家都明白这是个苦差事，要懂客户、懂产品、懂技术、懂管理、懂营销，要在客户需求与企业资源之间进行平衡，要穿透各部门之间的隔墙，要驾驭不同领域的专家人才，其中种种，只有身在其中的人方能感受。

我们理解，作为 CXO，他有一个根本目标和两项基本任务。而产品体验、客户体验、员工体验和品牌体验这四堂课，是每个 CXO 必修的。

CXO 的一个目标

毫无疑问，CXO 的根本目标只有一个，那就是为客户提供成功的客户体验。研究那些成功的品牌，它们都有一个共同的特点：超出客户预期。这也是今天成功企业最重要的衡量指标，因为消费者都希望与值得信赖、注重客户服务的品牌进行合作。

在体验为王的新经济时代，CXO 要熟练掌握产品体验、客户体验和品牌体验的原理和应用工具，建立起立体的、多层次的体验金字塔，从而赢得营销的关键时刻，获得客户资产，提升客户的终身价值。

CXO 的两项任务

CXO 有两项基本任务，发现客户的体验需求和创造客户的体验需求。

1. 发现客户的体验需求

需求是所有工作的前提。很多时候客户并不会袒露自己真实的想法，也不会主动把他们的意见反馈回来，所以和客户交流时，千万不要自以为是。要学会用问卷、座谈、“神秘访客”，以及客户行为地图等工具发现客户的体验需求，然后进行判断、定义、评估、管理，最后将其转换为企业的产品、服务和营销行动，最终满足客户的体验需求。

2. 创造客户的体验需求

优秀的企业不会仅限于满足客户现有的需求，它们更善于创造一个新的产业，创造一个新的市场。CXO 要善于解决那些客户没开口说出的困扰，发现潜在需求，进而整合企业内部资源，推出“杀手级”的体验，在运营中不断创新，帮助企业走上卓越的阶梯。

CXO 的四堂必修课

一个首席体验官，承担着领导企业从竞争红海中顺利突围的重任，肩负着客户、团队，以及合作伙伴的期望，他需要灵活，需要倾听，需要信任，需要坚守，更需要展开行动。那首席体验官，究竟需要具备怎样的素质和能力，才能实现目标呢？

Qualtrics 是全球领先的调查和反馈软件提供商，其打造的体验管理解决方案（XM Solutions）主要用于提升客户体验、员工体验和进行市场研究。Qualtrics 认为，体验管理包括企业或组织的四项核心体验，即客户体验、员工体验、产品体验和品牌体验。

现在流行讲修炼，讲继续学习，我们就总结了关于首席体验官的四堂必修课，如图 1-8 所示。

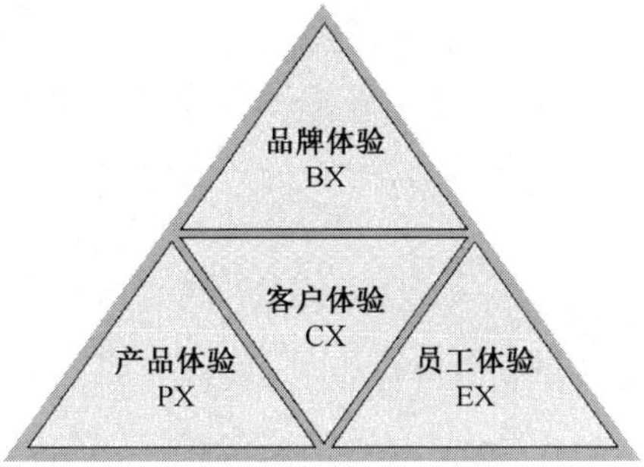

图 1-8　CXO 的四堂必修课

1. 产品体验：让客户为产品尖叫

产品是体验的基本入口。产品就像木桶的桶底一样，如果产品体验不扎实，那么其他所有的体验不论做得多么出色，都无济于事。

在产品同质化情况越来越严重的今天，一款好的产品，不光要满足功能需求，还要有好的客户体验和情感的共振，让客户尖叫。

2. 客户体验：让客户成为粉丝

客户资产已经成为共识。随着市场红利逐渐消失，存量市场成为企业的必争之地，只有在获取、留存、体验管理、满意度、激励和关怀等客户旅程的每个关键接触点上进行优化，才有可能让客户“路转粉”。

CXO 必须在客户的整个旅程中，从售前、售中到售后，从生产、营销到服务，为客户提供跨渠道、全流程、全接触点的一致性体验，建立企业与客户关系的强连接，帮助客户成功，不断提升客户终身价值。

3. 员工体验：让员工成为大使

企业所有的事情，不管是商业的还是技术的，最后都要归结到人。如果员工的体验不好，在企业里没有得到有效的资源、工具和情感上的支持，没有获得感、价值实现感，就不可能有“以客户为中心”的态度，与客户互动和交互时也就不可能给客户带去好的体验。

不夸张地说，员工就是企业的品牌，每一个员工都是企业的最佳品牌大使，最好的形象代言人。近年来，员工体验开始在体验领域迅速蹿红，逐渐受到企业的重视。其实，研究那些客户体验卓越的企业，它们都有一个相同的特征，那就是员工的满意度都非常高。

4. 品牌体验：让品牌成为符号

品牌即体验，品牌的未来就是各种连接和体验的结合。客户需要的是能感知的品牌承诺，如何让你的品牌走进客户的生活，打造品牌化的客户体验就是最佳路径。

品牌体验化是 CXO 的重要工作，当把品牌的理念、故事、名称、标志、基本色、口号、象征物、代言人、包装等这些识别元素架构为一个有机的“符号”时，就能对客户产生积极的影响。

CXO

第2章

CXO 必修课一：产品体验

众所周知，苹果公司的创始人乔布斯是追求将产品做到极致的人。他不只追求极致的外观，也追求内在的完美。著名作家沃尔特·艾萨克森出版的《乔布斯传》中透露，乔布斯的这种追求来自父亲的影响。

乔布斯的养父是一个优秀的机械工程师，也是一名业余木匠，他做家具的时候，和其他木匠的做法不同，即使是家具靠墙和下面的板面也会用上好木头。

乔布斯不解，问养父："那些背板我们根本看不见，为什么还要用好木头呢？"

养父说："如果你是个木匠，你要做一个漂亮的衣柜，你不会用坏木头做背板，虽然这一块是靠着墙的，没人会看见。但你知道它是好木头和你知道它是坏木头，你对这个柜子的感觉是不一样的。"

乔布斯从父亲身上学到：一个好的工匠，柜子的背面也要保持完美，即使是人们看不见的那些地方，也要重视。乔布斯坚信产品的内在形象即使只有维修工人能看到，也要追求美观，每一条电路、每一个布局都力求完美。这也体现在苹果公司的产品和包装上，最终成就了一个伟大的品牌。

华为是中国企业的优秀代表，华为创始人任正非在企业内部有一段讲话："未来的胜利是极简的胜利。极简是对准客户的，留给自己的是极其复杂的，而现在电子技术、芯片技术、计算技术等各种新技术已经能够把复杂问题简单化、智能化。"

把复杂留给自己，把简单留给客户，这就是华为的理念。比如华为的"极简 5G”，做到了网络架构极简、交易架构极简、网络极安全、隐私保护极可靠、能耗极低，全面实现领先。通过实施网络极简策略，华为把 5G 部署变成一件高效便捷的事情，助力全球运营商快速部署 5G 网络和极简的 5G 运维。

产品是体验的基本入口

财经作家吴晓波在《去日本买只马桶盖》一文中写道：“中国当今的中产阶层，是理性消费的中坚，他们很难被忽悠，也不容易被广告打动，他们当然喜欢价廉物美的商品，不过他们同时更是‘性能偏好者’，是一群愿意为新技术和新体验买单的人。‘中国制造’的明天，并不在他处，而仅仅在于——能否提供打动人心的产品。”

今天，新一代消费者的消费观念和方式都发生了极大变化，营销也因此出现了很多模式，但不管怎样变化，以产品为核心的基本面没有发生改变。每个伟大的品牌，都是因伟大的产品而存在的，产品是体验的基本入口，企业需要做的是更上层楼，努力打造极致的产品。

什么是产品

产品是一个很宽泛的概念。关于产品，经典的定义是：能够供给市场，被人们使用和消费，并能满足人们某种需求的任何东西，包括有形的物品和无形的服务、组织、观念，以及它们的组合。

这个定义里，有两个关键词：一是“人”，二是“需求”。

先说下“人”。凡是有使用场景、使用人群的产品，必定有市场。但是市场很大，消费者也很多，要先确定边界，确定你的产品是在哪个领域，为哪一部分消费人群做服务的。这就是目标市场定位。

接着说下“需求”。需求是人对于物质和精神生活的现状不满而产生的欲求不得的心理诉求，从马斯洛模型来说，需求可分为生理、安全、社交、尊重和自我实现 5 个层次。产品需求是个很大的领域，对用户而言，需求有痛点、痒点、兴奋点之分，对需求的理解能力在很大程度上反映了产品经理的基本功。

在产品大爆炸的今天，每个行业中的主要竞争者都能提供很好的质量，保证一定的品质。同时，大家也开始有这样的共识：那些真正有竞争力的产品，往往不是因为使用了最高端的材料或者最先进的技术，而是能让用户在使用过程中体验很好并能带来价值。

因此，一款真正的产品，是满足用户需求痛点，给用户创造快感的。比如裙子，其实就是各种材质、样式、尺码、颜色的排列组合，但你了解这些后，就可以成为行业的引领者吗？肯定不行。你要意识到，客户买的不是裙子，穿裙子也不一定是她的刚需，客户买的是使用产品带来的自信漂亮的感觉。

今天的客户，他们期望的不仅仅是常规的、功能性的产品，他们还需要个性化的产品体验，你需要创建有针对性的、基于客户需求的且具有情感吸引力的产品和他们交流，满足他们个人的情感需要。

产品体验要素

产品体验，英文为 Product Experience，简称 PX。在产品体验领域，互联网企业无疑是走在最前面的，无论是重视度，还是相关的研究与实践，这些企业是做得最深入，也是最彻底的。这也就是消费者接触到各类网站、应用软件、手机 App，以及消费电子产品时，都能获得非常好的体验的原因。

目前市面上能看到的关于产品体验的理论和应用书籍，大都是围绕互联网产品展开的。其中有一本很经典的书，是 Ajax 之父 Jesse James Garrett 所写

的 *The Elements of User Experience*（《UX 的要素》）。在书中，他将产品体验的过程抽象为战略层、范围层、结构层、框架层、表现层 5 个层级，对 Web 网站开发中关于体验的关键要素进行了定义，如图 2-1 所示。

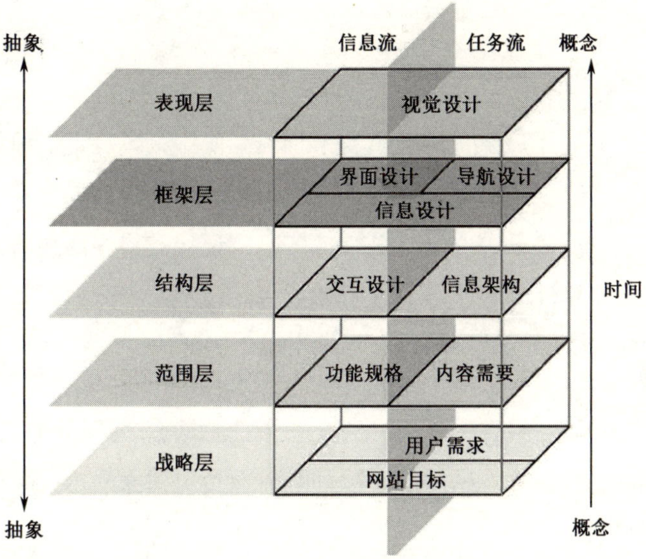

图 2-1　产品体验 5 层模型

这个产品体验模型最初是针对网站设计而创建的，后面被逐渐转化到很多非互联网产品的设计上，具有很强的普适性。不过对于很多非产品设计的专业人士来说，这个模型太过于晦涩和难以理解了。

通过参考众多专业书籍和业内专家的观点，我们认为，一个好的产品体验应该包括如下 4 个要素。

1. 功能体验

功能体验是产品体验的底层，以木桶为例，功能体验就是木桶的桶底了。功能体验衡量的是一个可用性的问题，确保产品/系统能正常工作。比如产品的基本功能、核心功能的体验如何；和上一代产品相比，有哪些新的功能；和竞品相比，有哪些差异性等。

2. 内容体验

除了产品本身，产品还包括很多内容，比如产品的名称、包装、说明书、使用场景、购买渠道，以及影视、游戏、玩具等产品的衍生周边，这些都属于内容。而这些内容往往容易被忽视，这是需要注意的。

3. 易用性体验

指的是产品对用户来说意味着易于学习和使用、减轻记忆负担、使用的满意程度等。产品易用性好，很可能是因为产品功能少，界面简单；也可能是因为用户认知成本低等。以一款软件产品来说，其易用性包含易理解性、易学习性、易操作性、吸引性等，具体而言，就是在指定条件下使用时，软件产品被理解、学习、使用的特性和吸引用户的能力。

4. 情感体验

人类是拥有各种复杂情感的高级动物，在与一件产品接触时，除了产品的可用性、易用性，用户往往还能感受到其他不一样的东西。比如有的是满足视觉享受，有的是勾起以往的美好回忆，有的则是专注于在使用过程中的趣味性。你的产品带给用户的情感体验是否愉悦，直接影响到用户的复购率和对产品的忠诚度。

以人为中心的设计

产品是企业接近消费者，向社会显示品质技术，获得商业竞争力的重要手段。如今产品设计的主要困难已不在于产品本身，而在于是否能够找出产品与人之间最适宜的相互联系，让产品的功能特点与“人的因素”实现高度的吻合。

以人为中心的设计正在成为设计产品系统的主要目标，这个理念可以应用于任何的实体产品和数字产品。可以说，以人为中心的设计是让用户拥护你的产品的最佳途径，它确保你为用户量身定制的新产品能满足用户的需求。同时，也能实现企业和组织团队的业务目标。

你要设计一款成功的产品，在设计时，还需要兼顾以下 3 个关键要素。

- 可取性：人们期望什么？需要程度如何？
- 可行性：哪些在技术上和团队上是可行的？
- 价值性：在财务上的投资收益如何？

当你将产品设计的核心从以系统为中心转变为以人为中心时，就意味着你在构建一种可以满足特定角色工作和交流的产品，而不再要求用户抱着厚厚的一本操作手册才能磕磕绊绊地使用。

要提醒的是，以人为中心不是简单地“围绕用户需求来设计”，因为真实的人是复杂的，需求大多也都是复合变化的，设计是基于抽象出来的需求，而这些需求往往呈现出被过度简化的样子。以人为中心，有着丰富的内涵和外延，你在用设计满足需求的同时，也要用设计引导需求。

需求洞察：一切产品的原点

洞察的意义毋庸多言，一切产品的出发点都必须是客户的需求，是否能够精准洞察客户的真实需求是关键，当然这也是最难的地方。

在做需求洞察之前，你首先要做的准备工作是：明确消费者对于你的产品的知觉定位。它包含着两方面的问题，一是这个产品能做什么，二是使用这个产品意味着什么。

这个产品能做什么？这是功能差异问题。比如你的产品是饼干，那它是充饥的、补钙的，还是像猴头菇那样能够养胃的。

使用这个产品到底意味着什么？这是洞察最深刻的一个点，如果你去做访谈的话，是很难从消费者口中获得答案的，可能需要从消费者数据、行为偏好上来进行洞察。有些人去购买奢侈品，也许不仅仅是买一个包，或者一瓶昂贵的面霜，更是意味着成功人士身份的不同，对自己很好，或是对自己的一个奖励，对不同的消费者来说其意义可能是不一样的。

这就需要反复地去做洞察，你的这个产品对消费者来说能做什么，使用这个产品意味着什么。这样才能让设计人员、营销人员对产品进行清晰的形象和“个性”塑造。消费者选择长期购买并拥有你的产品的唯一理由，是这不只是一个产品，更是一种身份、情感和价值观的认同。

同理心

不是每个人都会向你敞开心扉，告诉你所有的细节。他们可能出于恐惧、不信任或其他一些抑制因素而隐瞒信息，无论这些因素是内部的还是基于与他们接触的人。

要真正理解和发现用户的潜在需求和情感，你就需要对你要为之设计的人和要解决的问题有一个移情的理解过程。这个过程包括观察、参与和同情设计的对象，了解他们的经历和动机，并沉浸在他们的物理环境中，以便对所涉及的问题、需求和挑战有更深入的个人理解。

这就是同理心（Empathy），站在用户的位置和角度上，客观地理解他们的内心感受。同理心又叫共感、移情、共情，形象地说，就是将心比心，把脚穿进别人的鞋子里。

同理心对产品设计来说很重要，尤其是对设计思考者来说，你要意识到能抓住客户、使他们保持忠诚度的不是硬件，而是良好的体验。

谷歌眼镜就是缺乏同理心的设计产品。谷歌于 2013 年推出了首款可穿戴产品——谷歌眼镜，该产品备受瞩目，在技术上令人印象深刻，但性能却不尽人意。比如谷歌眼镜允许用户拍照、发送消息和查看其他信息（例如天气和交通路线），但它并未满足用户的实际需求，这些功能并不是用户需要或想要完成的事情。另外，谷歌眼镜是语音激活的设备，想想你在大街上、在餐厅，突然大声说出命令“喂，眼镜，发送消息”，这是多么尴尬的事。更糟糕的是，谷歌眼镜配备了摄像头，这导致使用谷歌眼镜的用户周围的人们感到隐私受到威胁，因为无法知道是否被拍摄。所有这些问题，都可以归结为谷歌在设计眼镜时缺乏同理心，《麻省理工学院技术评论》是这样总结的：没人能理解为什么想要在脸上戴那个东西来进行正常的社交。

实境调查

要深入了解用户的需求和情感，仅仅有同理心显然是不够的，你还需要做比较细致的用户调查研究，通过技术观察、任务分析和其他反馈方法来理解用户的行为、需求和动机。根据实际情况和所需的信息，可以使用各种研究方法，包括问卷调查、A/B 测试、焦点小组等。

在传统访谈和焦点小组访谈中，参与者基本上是一个消极的角色，坐在椅子上，等待你提出问题，然后回答。而在可用性测试和人种学研究这些方法中，参与者可能会从调查者的问题中得到暗示，比如回答你希望的答案或执行要求的任务。

如何让参与者在调查中发挥更为积极的作用，实境调查（Contextual Inquiry）应该可以发挥很好的作用，尤其是在定性研究方面。

实境调查是一种获取用户使用场景信息的半结构式的访谈方法，调查者通过介入被测试者的真实工作场景，通过观察和访谈的方式了解他们的具体工作流程和工作内容。实境调查最大的关键在于“实境”，比如你要了解一个人开车时怎么使用导航，就跟着这个人开几趟日常路线；要了解一个搬运工使用搬运车的体验，就跟他到工作场所观察他的活动。

被测试者在自己熟悉的环境下会比较放松，所以结果也比较可信而且详细。真实的场景中比较容易发现许多被测试者默认的知识和已经习以为常的操作习惯，而这些信息用其他测试方法比较难发现。

宝洁是较早设立市场研究部门的企业之一，2002 年，宝洁创立了专门的消费者嵌入计划，让员工“在生活中体验”和“在工作中体验”。其中，“在生活中体验”是让员工们到消费者家里和她们共同生活一段日子，和家人们一起吃饭，和她们一起去买东西。员工们直接感受了消费者在时间和金钱方面的需求，她们的社交方式，什么对她们来说是最重要的，她们会买哪种产品，她们如何使用该产品，这些产品是如何适应她们的生活的。“在工作中体验”则是让员工们有机会到一个商店的柜台去工作，这能让员工理解消费者为什么买或者为什么不买某种产品。这种完全的嵌入，使得宝洁能够得到更多深层次的消费者洞察信息，帮助宝洁辨别出许多在传统研究中常常被忽略的产品机会与创新机会。

用户体验地图

就像打仗需要地图一样，体验提升的“战斗”也需要地图来指引。要想更好地理解用户行为，体验地图（Experience Maps）就是一种非常有效的方法，它可以帮助我们直观地了解用户是如何使用你的产品，以及在此过程中的整体感受，从而能从全局的角度发现用户痛点、挖掘需求、找到产品机会点、构建更好的产品体验。

简单来说，用户体验地图就是通过一张图，用一种讲故事的方式，从一个特定用户的视角出发，记录从用户来到你的产品到完成目标离开的全部过程。因此，用户体验地图也被称为使用者旅程图（User Journey Map）。

通常来说，一个标准的用户体验地图由以下三大部分组成。

1. 用户

用户包括用户画像、用户目标。

2. 用户和产品

用户和产品包括用户行为、接触点、想法、体验情绪曲线。

3. 产品机会

产品机会包括痛点、机会点。

图 2-2 所示是欧洲铁路公司的用户体验地图。

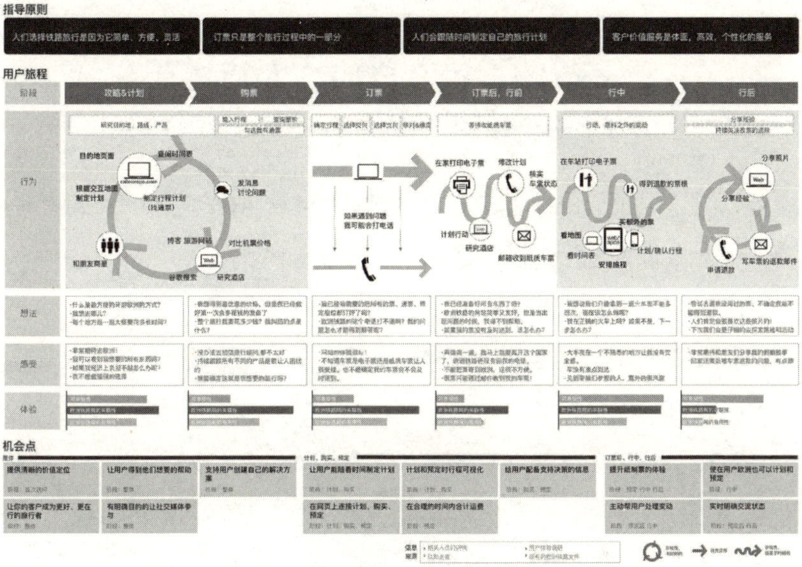

图 2-2　欧洲铁路用户体验地图

资料来源：Rail Europe　汉化：白鹭漫谈

尽管这份欧洲铁路用户体验地图完成的时间比较早，但因为设计得非常全面和标准，包含了体验地图相关的所有要素，至今仍然被各大公司当作参照的模板。

很多产品人员都有一个通病，习惯沉浸在自己的逻辑世界中。用户体验地图是从用户视角出发的，要求参与者以“小白”模式去看产品体验问题，避免了产品设计者和决策者的甲方视角，真正考虑用户要什么，他们的痛点、堵点和困惑点是什么，而不是“我”有什么功能就一股脑地往产品上堆。

体验地图是以一种更全局的思维去看待用户旅程，有利于企业在有限的资源下，分清轻重缓急，整体、系统地提升产品体验。同时，体验地图也创建了一个共同的视角，让产品团队中各环节的员工都能参与进来，对用户行为、痛点等内容达成共识，从而能更有效地沟通与协作，最终设计和创造出更优秀的产品。

产品战略：定义你的“人货场”

规划和讨论一个产品的前提是产品战略，只有在清晰的产品战略基础上才能有效地工作，推进产品从 0 到 1，并持续迭代。

一个产品最终推向市场，不是站在城市广场上高喊：“我做了一个超级牛的东西，你们快来买吧”，而是根据产品战略来进行规划、设计、制造、渠道选择、价格制订、广告传播等。

产品战略不是“我要卖 100 万块手表”，也不是“我要成为手表行业领导者”，而是“这是一款专为 4～6 岁儿童制造的内含 GPS 芯片的儿童通话手表”。这样，团队所有的成员都能从战略中找到自己的工作方向，明白工作如何开展。

产品战略是为营销服务的，其本质还是要回答“人货场”的问题，也就是用户是谁？他们有什么痛点？你提供什么样的解决方案？你的解决方案能否满足他们不同使用场景的需求？

用户

用户是谁？首先要弄清楚谁是你优先要服务的用户，也就是说你的核心用户是谁。这个需要经过严谨的目标市场细分，并从中挑选最有价值的那一个客群。

其次还要了解用户使用产品的动机、对产品的态度行为、付费意愿、性别年龄、收入水平、教育背景、个人价值观等。

最后是用户需求，这里有个难点，就是如何判别用户需求是真需求还是伪需求。比如当年索尼准备推出 Boomboxes 音箱时，他们召集了一些潜在的消费者，组成焦点小组，来讨论这个新产品应该是什么颜色：黑色还是黄色？经过这一组潜在购买者的讨论，每个人都认为消费者应该更倾向于黄色。会议结束后，组织者对测试者表示了感谢，并告诉他们，在离开时，每个人可以免费带走一个 Boomboxes 音箱作为回报。他们可以在黄色和黑色之间任意挑选，结果每个人拿走的都是黑色音箱。

360 公司创始人周鸿祎有一个知名的产品方法论，他认为一个好的产品要满足三点：刚需、痛点、高频。也就是说产品必须要有刚需，能解决用户的痛点，同时对用户而言又有一定的使用频率。比如像滴滴出行，打车是刚需，高峰期打车难是痛点，而打车又是几乎每天都需要的，这样频率也有了。

解决方案

大家应该都知道这个经典的案例：客户去买电钻，不是真的要买电钻，而是要买墙上的那个洞。

因此，客户要买的不是电钻本身，而是一个打洞的解决方案。面对目标用户的痛点，有哪些解决方案？而你能提供何种解决方案呢？

相同的问题领域，根据经验、资源、实现难度等，可以提供各种不同的解决方案。你要思考的是，这些解决方案里面，哪些或哪个是你最终决定去做的，这也就确定了产品的基本形态和方向。

有了解决方案，还需要进行客户验证，验证完成后，再去考虑这个解决方案是否可以规模化、平台化，以及采用怎样的商业模式，包括供应链如何组织、成本如何控制、盈利如何实现等。

用户场景

场景不同，体验就不同。产品体验和用户使用场景直接关联，当你在讨论产品体验的时候，一定要在某个使用场景下来谈，同样的一个产品设计，在不同的场景下就会有不同的产品体验。

在 2015 年的共享单车大战中，两个龙头是 ofo 小黄车和摩拜单车。当年 ofo 刚出来的时候，使用的是机械密码锁，租用的时候需要先扫码或者输入车辆编号获取机械锁的密码，然后手动在机械锁上输入密码才能完成开锁。这个过程一般需要 20 秒左右的时间，因此备受用户诟病，也成为竞争对手的一个有力攻击点。

为什么 ofo 会选择机械密码锁呢，因为 ofo 是从校园里走出来的，在创业时主要的使用场景是校园，机械锁增加了视觉体验的质感和炫酷感，而且 20 秒的开锁时间，对于象牙塔里习惯悠闲生活的大学生来说并不算什么。

但 ofo 在得到资本的投资和关注进入社会场景后，其较长的开锁时间对于习惯了快节奏的都市上班族而言就显得冗长而缓慢了，而且俯下身去拨弄机械锁还会给他们带来很不舒服的体验，比如肥胖的身体、紧身的工作制服等，均会带来不便。尤其是在还车的时候，车辆归还由于使用的是机械锁，你还车上锁之后，还需要将机械锁的密码拨乱，并手动在 App 上点击“结束行程”才算完成还车。ofo 的这些设计对于校园场景是没有问题的，因为大学生的生活节奏相对较慢，多操作几步是不会太介意的，但是使用场景切换到都市里，用户变成习惯快节奏的上班族，这样的设计带来的用户体验就太差了。

2018 年，苹果公司推出新一代 iPhone X，10 年来，iPhone 变化非常大，但是有个细节一直都没有改变过，那就是在 iPhone 左侧上方的静音键。对于追求极简主义的 iPhone 来说，竟然允许在手机上多一个按键专门用来管理声音，很多人可能不理解，一个小小的静音键怎么那么受重视？

当你不想听见自己的手机铃声响起或者不方便的时候，只需要轻轻地一拨就能从响铃变成静音，是不是很方便呢？再加上完全不用掏出自己的手机进行操作，只需要在口袋里摸一下、拨一下就可以搞定，不像很多手机需要亮屏才可以操作。这对于有这方面需求的用户来说是很重要的，因为当你需要管理声音的时候，你的需求就是能够尽快生效，一步到位。

一千个场景，有一千个体验。在设计产品的时候，你的任何决策都要在场景下考虑。当有多个场景或不能预测所有使用场景，以及场景之间出现冲突的时候，就需要返回产品和功能要满足用户需求的本质上来。

商业价值性

每个产品在满足用户需求的同时，也要考虑产品的商业价值性，尤其是很多好的产品体验，不仅是设计的优化，更意味着成本的增加。

这里需要分析两个问题。一个是有没有机会，需要对市场和用户进行分析，比如需求人数的多寡、需求频次的高低、竞争对手的优劣等，这些都决定了市场的机会情况；另一个是机会大不大，需要对你拥有的资源和能力进行认真评估，并与竞争对手进行分析比对，做产品不是一腔热血，而是将你的资源和能力变现。

投入就是成本，产出就是盈利，它们二者就构成了投入产出比。你的解决方案能够为企业带来哪些价值，这个问题尤为关键，必须确定解决方案的期望价值和实现目标的周期，而且越具体越好。比如你开发一款 App，对于用户的获取数量及活跃程度，可以设定为通过 6 个月的运营，注册用户达到 10 万人，日均活跃用户 2 千人。

很多管理者和创业者，在做产品的初期都没有认真思考这个问题，导致产品的验证没有最终依据。如果确定了解决方案的商业目标，那团队成员就可以很好地围绕这个目标去验证产品。

用户、解决方案、用户场景、商业价值性，这几个要素是确定产品战略的重要内容。产品战略一旦确定，就可以据此来逐步细化产品的路径、功能列表、版本规划等。

微笑价格：客户“买买买”的秘籍

价格也是产品体验的重要内容，更是影响交易成败的重要因素。为产品准确定价，是一个非常困难的工作。做营销的人都知道，价格虽然只是标签上的一个数字，却是提笔容易下笔难。价格的复杂性还在于它是一种营销策略，在产品营销中具有决定性的作用。

传统的产品定价，有成本定价、市场定价、需求定价等方法。在产品定价的过程中，高价格未必能获得高利润，而低价格也未必利润就一定低。低价薄利多销，增加总利润；高价虽然限制部分需求，但厚利精销，单位产品盈利率上升，利润增加。选择低价策略还是高价策略，以及“低价+高价”组合策略，需要考虑各种制约因素的影响。

价格的制订过程，其实也是从客户角度精确衡量产品价值的过程。从实际操作来说，能达到目的的价格才是好价格；而从技术层面来说，定价的秘籍在于价格和价值的吻合程度。

任何产品都同时具有两种价值，一是实体价值，二是心理价值。以房地产来说，其实体价值包括地段、区位、环境、户型、物业服务等，而心理价值则包括生活品位、社区文化、人性化关怀等。实体价值很直观，而心理价值是虚拟的，因此也就有了很大的挖掘空间。

微笑价格

不知道大家有没有发现，如今很多价格处于中档的产品都不是很好卖了。

比如女生常用的包包，我们做过调查，200 元以下的是比较好卖的，因为客户认为价格不贵，只要款型好就买，如果以后不喜欢了扔掉也不会很心疼。另外一个方向则是要买就买一个好的包，比如大牌的、用材优质的、设计时尚的，当然这些包包的价格都比较贵，通常在七八百元以上。

这样就出现了一个很有意思的价格“黑洞”，那就是价格处在 200 元到 800 元区间的包包非常难卖。不只是包包，很多品类的产品都出现了类似的现象，因为价格“黑洞”死掉的品牌数不胜数。

在今天这个时代，信息越来越透明，产品相关的成本和竞品的价格，客户都能通过各种渠道比较容易地获取，因此企业要想通过信息不对称来维持高价格是不可能的。客户需要高品质的产品，但价格也要合理，如果你不能提供高于产品的附加值，比如更好的体验，他们是不会买单的。

在产品定价这方面，像优衣库、ZARA、Costco、小米、名创优品等都是非常优秀的企业。我们把它们的产品定价称为“微笑价格（Smile Pricing）”，什么意思呢？就是它们通过深度的消费洞察和精益的供应链，为客户提供满足需要的产品，而价格也是在客户普遍接受范围之内。客户看到产品时，他们的决定就是“买买买”，而不是把价格标签翻来覆去地比较。

价格的微笑曲线

为了描述清楚微笑价格，我们对很多企业的产品价格与销售情况进行了研究，绘制出了一张价格的微笑曲线图，如图 2-3 所示。

从图中可以直观地看到：当价格比较低时，产品销量非常高；当价格沿横轴不断增加，销量开始下滑，直至销售谷底；而基于产品附加值，价格继续增加，销量出现上升；当销量攀升到一个峰顶时，因为价格过高，会转而掉头一直往下。

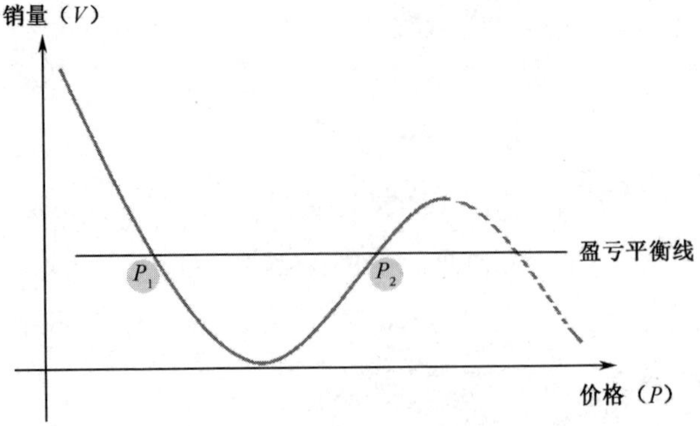

图 2-3　价格的微笑曲线

在销量纵轴和价格横轴上拉一条盈亏平衡线，就可以找到 P_1 和 P_2 两个关键价格，它们就位于这个有点像微笑的价格嘴唇两侧。很清楚的是，当价格 $P < P_1$ 时，价格低但销量高，薄利多销，企业能盈利；当价格 $P_1 < P < P_2$ 时，产品销量很低不足以盈利；当价格 $P > P_2$ 时，销量低但单品利润高，企业也能盈利。当然如果价格 P 太高，远远大于 P_2 时，企业是无法获利的。

优秀的企业，要么是占位低端然后往中端的 P_1 推，去做盈利；要么是占位高端然后往中端的 P_2 推，去实现销量引流。从某种意义上说，品牌也就是定价，品牌只有走高端或者低端，定位中端根本不符合消费心理。

SMILE 法则

价格不是独立存在的，除了高品质的产品，还有赖于企业在品牌、客户关系等多方面的深耕细作。

微笑价格的背后，有一个 SMILE 法则，如图 2-4 所示。

1. Super（极致）

好产品是一切营销的基础。如果产品本身有瑕疵或质量缺陷，再好的营销也解决不了问题。现在流行讲“工匠精神”“工程师文化”，就是要把产品做到极致，像打磨艺术品一样做产品，从原材料、规划、设计、生产工艺、辅材、质量控制、稳定测试等各方面精益求精，力求做到最好。用户使用产品的时候会由衷地感动，就像妈妈做的菜，就是好吃，就是想吃。

图2-4　SMILE法则

2. Master（专家）

品牌有通才型品牌和专家型品牌之分。所谓通才型品牌，就是一个品牌打遍天下，征服所有客户。通才型品牌背后，往往是一个通才型的企业，比如保利、华润、海尔等。虽然通才型企业在很多领域都做得很好，但对那些专注于某个领域或产品的企业，消费者更会视其为“专家”。品牌是用来和客户沟通的，就企业的品牌管理而言，最好还是保持狭窄的聚焦。

3. Interest（兴趣）

如何激发并保持客户的兴趣，是营销要解决的关键问题。除了产品本身的内容化，还包括产品的文案创作、广告设计、营销手法，都要以客户为导向，说他们想听的话，做他们想做的事，并持续进行创新，保持营销的活力和新鲜度。

4. Link（连接）

客户关系的核心是连接。企业和客户之间的关系，可以分为无连接、弱连接和强连接三种。企业想要获得长久的、可持续的发展，就要把与客户的关系从无连接发展为弱连接或强连接，通过不断提高连接客户的占比，赢取更多的市场红利。

5. Experience（体验）

这是一个体验至上的时代，今天的消费者，不仅需要优质的产品和服务，还需要更高层次的精神感受。如何打造好的产品体验、客户体验和品牌体验，在每个关键接触点满足甚至超出客户期待，至关重要。

看脸的时代，好看的产品更好用

在日常生活里，我们有时会开玩笑说“中看不中用”，比喻外表好看，其实不合用。但实际情况却是，好看的产品往往更好用。好看的物品肯定比难看的东西更招人们喜欢，但为什么它们也更加好用呢？

早在1995年的时候，两位日本研究者黑须正明和鹿村志香对日本各种自动取款机进行研究，所有的自动取款机都有类似的功能、相同数量的按键，以及同样的操作程序，但是其中一些的键盘和屏幕设计很吸引人，另外一些则不然。让人惊奇的是，这两位日本研究者发现那些拥有迷人外表的自动取款机使用起来更加顺手。1997年，以色列科学家诺姆·崔克廷斯基针对以色列人重做了相同的实验，结果比日本的更加明显，那些更有吸引力的产品在使用中遇到的问题更少。

唐·诺曼在他的《设计心理学》一书中对此进行了解释：当我们放松时，我们的大脑更灵活，并更能为复杂的问题找到解决方法。相反，当我们感到沮丧和紧张时，大脑的思维会受到限制，我们仅能看到眼前的问题。所以，好的视觉审美能弥补差的可用性，减少任务完成时间，降低错误率。想想在生活中，你有多少次因为对方长得漂亮而原谅了他/她的过失？

美是最常被谈论，却也被误解最多的部分。最大的误解在于，很多人认为视觉元素只是装饰和风格，把它和可用性完全分割开。但实际上，美是用户体验的重要部分。人们在愉悦的状态下更容易克服所碰到的问题。对很多产品来说，如果你第一次使用时没有达到预期效果，最自然的反应是再试一次，只是需要多花点精力。

“颜值即正义”，尤其是在今天这个“看脸”的时代，从性价比到“颜价比”是每个品牌的必经之路。如何让你的产品在实用、易用的基础上，变得更加好看，就显得非常重要。

提升颜值的手段

好看这件事，不仅仅是材质或颜色，更是一个整体体验。要提升产品的颜值，就需要从产品的名称、卖点、故事、色彩、外观、包装、味道等方面进行系统化的打磨。

1. 名称

好名字价值百万。好名字对于产品的重要性不言而喻，一个优秀的产品名字，能够简化产品销售，实现口口相传，降低传播的成本，提高传播的效率，并形成产品品牌。以宝马为例，在 1992 年以前，BMW 汽车在中国并不叫宝马，而是直接根据读音译为“巴依尔”。改为“宝马”这个名字可谓精辟至极，既突出了宝马的豪车属性，又和古代将士们对坐骑的称谓融为一体。同样，丰田车系的中高级轿车 Camry 进入中国的时候，翻译为“佳美”，成为皮实耐用的代名词，销售达到巅峰后开始下滑。后面才改为“凯美瑞”，充分展示了产品个性。

2. 卖点

千万不要说你的产品采用什么原料、什么样的工艺、什么样的设备、什么样的配比，写这些客户不会有任何感觉。最好是能一句话说出来产品的卖点，比如说农夫山泉有点甜，白天吃一粒有精神、晚上吃一粒睡得香、白加黑，美团外卖、送啥都快，横扫饥饿、士力架。

3. 故事

用户对产品无感的原因，是因为产品缺乏一个有趣、有情的灵魂，而这个产品的灵魂很多时候就是一个故事。一个产品的功能，可以被许许多多的竞品所替代，但是唯一不可替代的，就是这个产品背后的情感和包含着这份情感的故事，它永远无法被任何竞争对手取代。产品故事的类型有很多种，比如苹果是创始人乔布斯与苹果的故事，卡地亚珠宝是一个关于欧洲贵族的故事，蒂芙尼珠宝则是一部美丽的爱情故事。

4. 色彩

色彩通过人的感官直接将设计师的设计信息传达给使用者，对客户是否想占有产品起到根本性的作用。色彩在外观设计中发挥的主要作用是对材料的保护和对产品造型的装饰，但色彩同时美化了产品外观，也美化了客户心理。所以在产品设计过程中，要采用灵活多样的色彩组合设计，使客户对一款产品有更多的选择，从而增加产品的市场竞争力。

5. 外观

外观设计的核心是产品的形态美设计，是在经过系统的市场调研分析后，提出产品概念，进行反复测试，在精确定位的基础上开展的设计。一般要求满足两个特性：一是创新性，进行外观设计时不是一味地去模仿复制，而是在科学、合理的基础上使得产品给人独特新颖的感觉，它通常在形态、材料、结构等方面反映出来；二是体量感，产品设计的出发点是人机工程学，它强调产品必须符合使用者的要求，让使用更方便、舒适。

6. 包装

所谓“人靠衣装马靠鞍”，产品要想亮丽、够吸引人，就需要很好的包装。包装是品牌理念、产品特性、消费者心理的综合反映，它直接影响消费者的购买欲，是建立产品亲和力的有力手段。包装设计应从商标、图案、颜色、造型、材料等构成要素入手，在考虑商品特性的基础上，使各项设计要素协调搭配，相得益彰。

7. 味道

除了前面这些内容，味道、声音等也都是产品颜值的重要组成部分。在星巴克上班的员工，不管是谁，不管什么日子，都不准使用香水，因为在星巴克，空气中飘溢的只能是纯正的咖啡香味，这要远胜过其他的香味。当你步入英国航空公司的头等舱及头等舱候机室，最先引起你注意的就是独特的气味，这是一种叫作牧草的芳香剂，英航定期在航班上喷洒这种芳香剂，以加深公司在其最有价值客户群中的印象。

五感分析

从提升颜值的手段可以看出，好看不只是视觉层面的事情，还包括味觉、听觉、嗅觉和触觉，也就是大家常说的“五感”。一个产品要好用还要好看，要从平庸走向卓越，就需要在“五感”及与客户的情感联系上下功夫。不只是要从形状和形态上满足和刺激客户，还要从声音、香气、味道和触感上去影响客户的其他感官。

一个产品，按照产品属性和特征来说，包括大小、形状、原料成分、成本、功能性质和外观风格等特质。但这个是企业或专业人士的分类，对于客户来说，他看到一个产品通常只会说：“这个东西好漂亮啊”“这个东西摸起来软绵绵的好可爱”“这个东西闻起来好香啊”，等等。

所以，对一个产品来说，客户更多是以自己的直观感受来评价其好坏。只要他们的感受不好，就会给这个产品差评，但如果他们觉得这个产品超出自己的预期，就会忍不住拍照分享。

我们经常说，要从客户的角度去考虑你的产品体验。所以，一个产品的体验，首先要做的就是要从客户的“五感”出发。这样的例子在身边很常见，比如很多蛋糕店、咖啡店，总是使香味弥漫整个街区。为了提升乘客体验，新加坡航空、全日空航空等航空公司都定制了独特的香水，在客舱内和机上用品上喷洒，乘坐过的乘客都知道，那是一种几乎无法察觉的令人愉快的气味。而微软、QQ、微信等软件系统的提示音，以及苹果、华为的默认来电铃声，则在传递着一种美好的听觉享受。

有一个很好的工具可以用来辅助分析产品的“颜值”高低，这就是五感分析。如图 2-5 所示，是我们给一个产品绘制的五感分析图。从图中可以直观地看到，这款产品的听觉分值最高，视觉分值次之，而味觉分值则最低。

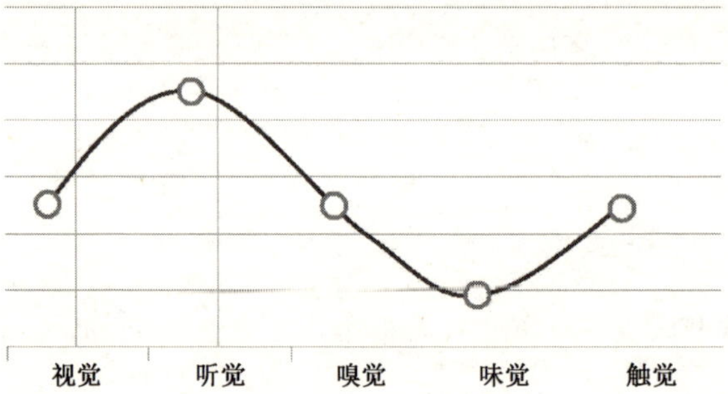

图 2-5　某产品五感分析图

五感分析图的应用非常简单，尤其在分析比对竞品的时候，显得更为直接高效。企业的产品和营销团队可以设计相关的调查表单，通过发出调查表、访谈及亲身体验，找出自己产品和竞品相比有哪些优势或不足，从而指导产品的设计和改进工作。

概念测试：跑通业务小闭环

一个产品的利益相关方通常有三个：客户、产品团队和投资人。客户关注的是品质是否满足需求，以及使用带来的体验；产品团队关注的是供应链、人力协同、时间，还有执行的成本；投资人则更看重产品带来的利润，企业战略的布局和品牌力的提升。

产品首先是为客户服务的，产品概念一旦形成，就需要进行大规模的测试，测试的对象应该代表未来新产品上市后的主要目标客群。测试的主要目的是了解消费群体对产品概念的反应，从多个产品概念中选出最有希望成功的产品概念，以降低产品上市后失败的可能性。同时，也为新产品的市场销售预测奠定基础，找出对这一产品概念感兴趣的消费群体，针对目标消费群体的具体需求进行改进，为后续的产品开发指明方向。

产品概念

产品概念是企业想要注入客户心智中的关于产品的一种主观意念，它是用客户的语言来表达的产品构想，一般是用文字或图片来描述产品概念。一个完整的产品概念应该包括以下部分。

- **客户观点**：从客户角度提出其关心的问题；
- **利益点**：说明新产品能为客户提供哪些好处；
- **支持点**：解释新产品怎样解决客户观点中所提出的问题；
- **小结**：将前面三点的精髓用概括的语言表达出来。

我们通常说的产品利益就是产品概念中的利益点，而产品特点就是这里的支持点。产品概念和产品定位有一定的关系，但产品概念包含的内容比产品定位更广，产品概念要说清楚“它做什么”，即它提供什么利益给客户；“它是什么”，即保证产品利益得以实现的产品特点；“它为谁服务”，即产品的目标客户；“它对于客户意味着什么”，即产品的个性、形象等。

概念测试

相信大家都知道脑白金。脑白金是史玉柱推出的一款成功产品，其成功绝不是偶然。保健品在中国从来都不是新鲜事，很难做。脑白金早期也不叫脑白金，怎么做？如果你一开始就在全国打广告，这事儿注定成不了，关键是你都不知道它叫什么，你也不知道要卖给谁。于是史玉柱亲自带着他的核心团队，先找一个很小的市场进行测试，他们找了江苏的江阴市（县级市），这里经济有一定的发达程度，有一定的保健需求，然后走村串镇挨家挨户地去走访。最后他们发现，脑白金卖给谁？通常不是卖给自己吃的人，它是卖给需要关心的人，“今年过节不收礼，收礼只收脑白金”的广告语就这样产生了。

所以当史玉柱把这件事情搞明白，已经在一个县城跑通了以后，他就开始招聘复制两三个团队，再找两三个县城，扩大一次规模再去验证。这些验证都成功了以后，他就拼命地复制，很快就把脑白金品牌“砸”响了。

概念测试对于产品发布至关重要。麦肯锡的统计报告显示，只有 50%的产品达到预期的业务目标。那些没有进行严谨产品测试就贸然上市的企业，很有可能会面临失败和承担高昂代价的后果。

产品概念测试做得越精确，对产品上市销售的指导意义就越大。但进行产品概念测试的首要困难在于，怎样将新产品开发人员心中的产品概念完整地传递给被测试的目标消费群体。对于某些产品概念，用简短的文字描述或图片展示就能让客户对产品概念有深刻的了解，但有些产品概念需要更具体和形象的阐述，才能让客户正确理解企业所希望传达的产品概念。因此需要借助 VR/AR 的虚拟现实、3D 打印等新技术，甚至是生产出完整的成品以供客户测试。

测试的主要内容

毫无疑问，产品概念测试是一种很好的节约成本的方法。完成一个完整的产品概念测试，就相当于跑通了一个完整的产品业务闭环。产品概念测试的方法很多，有单一概念评估、联合概念评估、概念选择、概念比较和评估等，可以根据不同产品测试需求进行组合。

不只是实体的产品，在进入服务、高科技市场时，也可以使用各种概念测试来帮助企业最大限度地降低风险，并最大限度地提高收入。产品概念测试包括如下内容。

1. 新产品概念

确定哪些功能对客户最重要，哪些特性最有可能让客户满意。功能可以分为“标配型”和“升级型”两种不同的需求程度，然后根据客户需求确定产品开发和广告的优先级。

2. 产品改进和升级

通过改进和升级，可以为现有产品或服务增添新的活力。这里要注意识别优先顺序，聚焦在有价值的改进和升级上，让每一个“新版本”的产品都赢得喝彩。

3. 换用迁移路径

尽管每个产品都提供换用或迁移路径，但对于客户而言，这意味着学习、时间等各项成本的产生，除非客户有更高级别复杂性的需求，不然他们是不会轻易“变心”的。企业需要在产品的新属性、新功能、给客户带来的利益等上讲清楚，甚至还需要做必要的培训投入，才有可能让他们放弃现有产品，转而换用新的产品。

4. 产品的可用性和易用性

最有效的方式就是让客户试用产品，评估客户对特定产品或服务的使用体验，并确定如何改进该体验。这项测试包括易用性、可用性，以及与客户以前使用的产品的一致性和差异性等。

5. 定价和激励

定价是新产品的一个关键环节，产品的价格、激励措施、捆绑销售、跨产品搭配及保修成本等因素都会改变客户对价格的感知。“购买意愿”是测试的重要部分，如果产品已经存在，需测试客户购买该产品的可能性，但这不应被认为是代表实际销售潜力，因为人们总是过高地估计其购买欲望。

产品内容化：和你的客户做 CP

2019 年 10 月，农夫山泉与故宫跨界合作的“梦回故宫，瓶说新语”案例在金投赏上斩获设计服务类金奖。

这个案例的背后，是农夫山泉“红瓶水”连续两年在水饮品牌市占率位列第一，但其面对的挑战却仍然十分巨大，内有垂直竞品打情怀和故事牌来笼络消费者、外有功能饮料品牌翻新花样和口味来争夺市场份额。如何突破饮用水产品本身的限制，通过抢占年轻化市场来对抗不断攀升的同质化竞争，是农夫山泉首先要解决的问题。

通过观察年轻人的媒介表现情况，农夫山泉发现视频网站很受年轻人的喜爱，90 后的占比超过 55%。根据用户影视剧题材偏好显示，古装宫廷剧是目标消费人群最喜欢的题材类型。洞察到这一点，农夫山泉与中国文化领域头部 IP 故宫达成合作，推出 9 款限量版农夫山泉“故宫瓶”，以瓶身为载体，用康雍乾三代帝王及后妃们的人物画像为设计主体，走近年轻消费者。

在本次战役中，农夫山泉的整合营销代理商 1FusionDigital 将发力重点放到线上，在创意上更幽默诙谐，具备“网感”。9 款瓶身文案各不相同，如“本宫是水做的”“朕打下的一瓶江山”等娱乐社交文案，采用幽默的方式，颠覆大家心目中皇上皇后严肃正经的形象，给人一种“反差萌”的感觉，促成社交口碑和二次传播。在传播上，加强与电商的关联，构建内容到销售的闭环。农夫山泉“故宫瓶”在苏宁易购“超级新品日”直播间全网首发，在直播秀中，主播身着宫廷服饰与观众进行话题讨论与互动，加深消费者的内容体验。在社交媒体上，结合 H5 互动玩法，用户可以通过扫描瓶身二维码上传头像，在人脸识别技术下查看自己和故宫藏品中哪个人物比较相似，刺激用户自发讨论品牌活动。与此同时，品牌发布了系列海报，多维度助推农夫山泉“故宫瓶”成为社交媒体热门事件。

可以看出，农夫山泉“故宫瓶”的爆红，已经不是一次简单的品牌跨界，而是一个系统的内容化过程。

以前的营销，是靠覆盖、靠大众、靠中心化，而现在的营销，是靠创意、靠话题、靠口碑、靠互联网精准投放。内容已经成为新的流量入口、新的变现方式，这就逼迫企业从以品牌、产品、渠道为中心的营销，走向以人为中心、符合人性的内容营销。产品内容化、渠道内容化、传播内容化，是当前每个企业都要思考的问题。

什么是内容化

所谓的产品内容化，即产品已经不是材质、结构、色彩等组成的物理的产品，而是可以让用户融入一个由内容虚拟的环境中，通过环境中的相关元素让用户感同身受。

一个人最恐惧的事情莫过于无趣，因为无趣就意味着没有朋友。产品也是如此，从某种程度上来说，大多数产品都是内向型的，它们在货架上安静地、孤独地展示自己，只有身上的包装能发出一些声响，试图吸引走过路过人们的注意。

客户选择一件产品，是因为他们听见或看见了产品主动展示的标签，这些标签上有它的不同，有它的调性，还有它的情绪。

产品只是流水线上批量生产的物体，只有内容化才能真正赋予产品以生命和灵魂。如果你只是将产品当成一个承载功能的物理工具，那么打造出来的产品是没有个性和差异可言的。只有将产品当成内容去打造，才能创造新的商业想象力。

今天的产品设计，不只是可用性和易用性的设计，更重要的是情感的设计，比如故事性、表情化、人格化、价值观、仪式感、话题性、设计美学、跨界演绎等。一句话来说，你的用户买了后不想拍照发朋友圈的产品，都不是好产品。

产品的温度

未来学家罗尔夫·詹森在他 2001 年出版的《梦想社会》中写道："我们可以这样说，1999 年是个临界点，人类即将进入新纪元，一个以故事为主导的年代。当我们购物时，事实上我们是在商品中寻找故事、友情、关怀、生活方式和品性，我们是在购买情感。"

罗尔夫·詹森举了一个例子。在 1990 年，几乎所有丹麦人都购买在工业化农场生产的鸡蛋，只有少数人选择天然农场的鸡蛋，毕竟自然生产的鸡蛋的价格是"工业"鸡蛋的两倍。但到 1999 年，在丹麦超市的鸡蛋竟有一半来自自由放养的鸡群。产品一样，味道也一样，甚至实验室都找不出两者之间的分别。但客户就是渴望天然、有乡村情怀和动物福利的浪漫，他们愿意为此付出代价。

陈春花教授在她的《经营的本质》一书中也指出，优秀的企业必须从所追求的价值出发，给产品赋予“生命的意义”。她通过研究发现，成功的产品有这些特征：给客户创造“体验和想象”，和客户的内心产生共鸣；能折射出客户的想法、期望甚至梦想；和客户的生活方式紧密贴合。

所以说，优秀的产品一定不是冰冷的，它们有着一定的温度，它们有品、有趣、有情，能让人感同身受。比如星巴克的咖啡，严格来说只是饮料，人们前往星巴克的真正理由是需要一个属于自己的可以享受的时间，因为人们渴望属于自己。你可以在北京东方广场的星巴克里，在香港海港城的星巴克里看到安静看书的年轻人，这就是星巴克的魅力，它已经变成了一个 IP。

内容化的两条路径

一间咖啡馆、一个餐厅就是一个产品，但如果你把它仅视为吃饭、喝饮料的功能场所，那么它就是普普通通的一间店，跟你在成千上万个街头看到的没什么两样。但如果你把餐厅当成一个供消费者阅读、体验的内容，那么你不需要投广告，就能创造持续的人格化流量。现在非常流行打卡文化，喜茶、奈雪的茶等越来越多网红店的涌现，就是如此。

产品就是客户想象和期待的载体。就像生活中的情侣配对一样，你的产品可以和客户连接在一起，就是因为它们具有了客户所要的价值。通过产品内容化，在产品与客户之间找到一种新的关联，建立情感上的联系，从而实现快速配对。

1. 共创

好的内容一定是有用户参与和共创的，让用户跟你玩在一起，跟产品发生关系，让产品成为他们的热爱和拥护。

像江小白的表达瓶，就是经典的用户共创内容杰作。江小白以“我有一瓶酒，有话对你说”的创意出发点，向消费者创造一个全新的表达情绪的玩法，从上线以来，便引发了一大拨消费者在社交平台晒语录瓶。而其瓶身的文案，大都出自用户之手。

用户共创，不是传播推广阶段的事，而是从产品研发和设计阶段就开始了。以小米来说，2010 年 4 月 6 日小米公司成立，同年 8 月 MIUI 系统第一版内测，小米工程师一个一个联系刷机爱好者和发烧友，终于找到了 100 个人成为 MIUI 的首批内测用户。他们共同见证和参与了 MIUI 的从无到有，小米的从小到大。雷军说，因为“米粉”，所以小米。正是因为不断听取用户意见，让用户参与产品设计，优化改进产品功能，才打造出了小米这个品牌。

我们上网易云音乐是干吗的？除了听歌，更要看其他用户的评论。正是用户创造的海量乐评，使得网易云音乐这个产品显著区别于 QQ 音乐、酷狗等其他音乐软件。

2. 原生

通俗来说，原生就是将产品变成推广内容，在不影响用户体验的前提下，将内容融入用户的生活场景和社会文化之中，从而提高用户对产品的情感认同。

用户对一个产品的需求，是基于其生活场景的。在什么场景下，就会需要什么样的产品。同样是平板电脑，微软的 Surface 面向的是生产力场景，是希望消费者在会议室和出差路上用的；苹果的 iPad 面向的是泛娱乐场景，是希望消费者躺在家里沙发上用的；亚马逊的 Kindle 面向的是阅读场景，是希望消费者随时随地读书用的。

为什么可口可乐也要做昵称瓶、歌词瓶、台词瓶？这是因为可口可乐的产品理念就是分享快乐。而在这一分享的过程中，可乐瓶上的一句话、一个单词就可以在两个人之间制造一个有趣的小故事、一个微妙的小情节。比如，你递给你喜欢的女生一瓶“女神”，你递给女朋友一瓶“咱们结婚吧”，你递给和你一起打游戏的室友一罐“神对手”，或是一罐“下辈子还做兄弟”，这是不是很有趣呢。

今天很多企业也有了产品内容化的思维，但这种思维是：等产品做出来了，再去找卖点，或者生搬硬套一个故事。但事实上，内容化要从产品的源头抓起，即在产品研发时就要注入“内容基因”，赋予产品内容和故事，打造“内容性产品”。当消费者能通过生活场景和社会文化去感知产品的时候，产品才具有情感，才能打动人心，才能融入生活方式。

如何创造出让人尖叫的产品

雷军经常讲到这样一句话：“小米的产品态度，就是对细节的极致追求，愿意不厌其烦地改来改去。我们小米没有 KPI。如果有，我们只有两个 KPI：第一，用户用了我们的产品之后是否尖叫；第二，用户用了我们的产品之后，是否会推荐给他的朋友。”

创造一款能让用户尖叫，以及让用户愿意主动推荐的产品，这是每个企业都梦寐以求的事，那应该如何做到呢？

产品设计生命周期

打造爆品最关键的阶段，是产品的初始阶段。这也正是畅销书《产品游戏化》所阐述的核心观点，这本书的作者埃米·乔·金，是脍炙人口的游戏《模拟人生》的设计者，她在游戏化思维运用方面卓有建树。

大家应该都知道产品生命周期，而真正决定产品生命周期的，其实是产品初期的设计打磨，可以分为战略、共情、分析、设计和验证五个核心要素，如图 2-6 所示。

1. 战略

从字面上来看，战略=战+略，“战”是定义在哪战斗，“略”是定义如何取胜。战略是一切产品的前提，回答的是关于“人货场”的问题。在规划产品战略时，要注意符合企业整体品牌策略，并设定成功的衡量标准，以及产品中各项目的优先级。

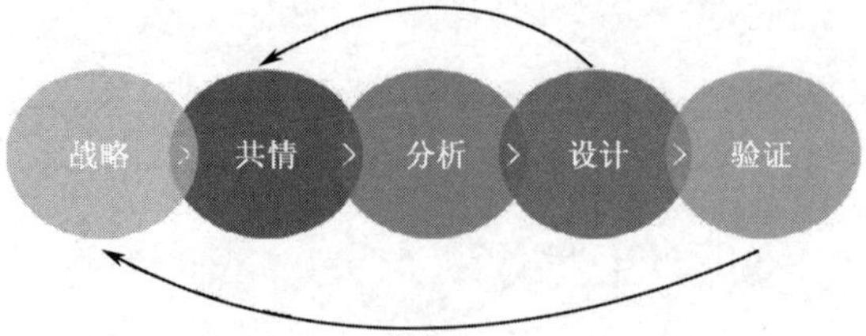

图 2-6 以客户为中心的产品设计生命周期

2. 共情

在洞察客户需求时，最重要的是共情。要提醒的是共情≠同情，共情和同情，虽然一字之差，意思却大相径庭。同情的本质是怜悯，地位上是不对等的，因此很难全然地感受到客户的痛点和情感。通过共情，深挖用户需求，并将其转化为产品设计要素。

3. 分析

要更深入地理解用户和他们的产品使用场景，用户画像是比较有效的工具。除此以外，故事板、用户体验地图、工作流程图等也能帮助我们进行定性和定量的研究，找到产品的机会。

4. 设计

基于共情和分析，进入了产品原型的设计。在设计中，可以借助情绪板，设计师收集颜色、版式、现有产品等，构成产品整体外观、感觉和功能的基础。并通过草绘、线框图等创建可以模仿的模型，最终制作出产品原型，以及可供测试的产品。

5. 验证

应制订测试计划，对目标用户进行测试，如果可能的话，还要进行更多的测试，以确保对所有内容进行了全面验证，并且没有错误。验证不是产品设计的终点，它是一个起点，验证的结果还需要再返回战略、共情、分析、设计的流程，形成用户参与、不断迭代和更新的过程。

产品体验金字塔

在常规的设计中，大家的目光往往聚焦在产品的好用和实用上，而忽略了一个很重要的要素，就是产品与客户的情感联系，也就是愉悦性。

随着市场竞争的不断加剧，产品越来越同质化，满足客户的刚需和痛点已经成为所有产品的“标配”。现在大家都在讲痛点思维，这是对的，抓住了痛点才有和客户进行互动的资本，才能进入客户的购买选项。但最终影响客户购买的，是理性后面的感性，是产品带给客户的愉悦感。

产品体验的 4 个要素，其实是呈现一个金字塔的关系，如图 2-7 所示。

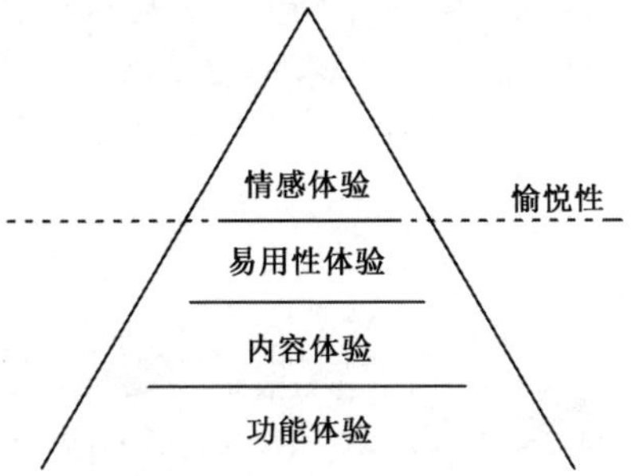

图 2-7　产品体验金字塔

从产品体验金字塔可以看出，虚线以下的部分，是产品体验的可用性和易用性，虚线以上的部分，是产品体验的愉悦性。这条虚线，却是很多产品难以逾越的一道天阶。

想一想你是否曾经买回一些并不实用或不好用的东西，只是因为它们看起来很美，或者只是因为它们很有趣，又或者是因为它们背后有一个动人的故事。

唐·诺曼在他的《情感化设计》一书中专门探讨了这个问题，并提出了一个非常重要的观点：一件产品的成功与否，设计的情感要素也许比实用要素更为关键。

是的，实用和好用固然重要，但如果没有能引发情感共鸣的东西，不能给你的用户带来愉悦和乐趣、惊喜和兴奋，这样的产品它的生命周期肯定是比较短暂的。

尖叫 3 法则

作家冯唐说，时间苦短，只花时间给好看的人，好玩的人，又好看又好玩的人。他的这个观点虽然直白，却清晰地点出了人性的核心部分。

研究那些让用户尖叫的成功产品，它们要么好看，要么好玩，要么有趣，要么兼而有之。而它们背后的逻辑，就是围绕产品的情感体验，在产品的颜控、游戏化和内容化上持续发力，并不断迭代更新，形成丰富、饱满、立体的产品体验。

1. 颜控

“颜值即正义”。好看的东西我们不自觉会喜欢，这来自人本能的对美好的事物所做出的反应。美的产品就像一个外形靓丽的人，用户本能地被它吸引，想要和它“约会”。

从古至今，美学一直被应用在产品设计中，它包括产品的风格设计、造型设计、色彩和使用美设计。美学帮助我们打造独特的产品气质，帮助用户更好地理解和使用产品，并影响和左右用户的感知，建立良好的心理联想。

苹果公司 iPhone 系列的每一次发布与上市，都会引起一场网络媒体的狂欢，即使面对众多竞争对手，消费者对苹果产品的热情却依旧不减，其主要原因之一是苹果将自身产品的形式美、功能美、技术美及材料美达到了高度的统一。iPhone 系列不仅是设计师智慧与情感融合的杰作，更是设计美学中功能价值和审美价值的完美融合。

甲壳虫汽车的设计，也堪称汽车样式设计的经典。甲壳虫打破了传统汽车产品的机械化和冷漠感，以其活泼可爱的造型赢得了市场的青睐。作为大众汽车最经典的一款产品，甲壳虫一直走着自己独特的复古路线，它的进化速度明显低于整个汽车行业的发展速度，不过这似乎不影响消费者对它的热爱，这一切都是因为它的文化、它的内涵，以及它所体现出来的美学价值。

2. 游戏化

我们都知道，游戏容易让人上瘾。而很多爆款产品的共同特质，其实是都携带着游戏的基因。

比如支付宝的“蚂蚁森林”，使用支付宝消费，24 小时之后会产生能量，收集能量和去好友蚂蚁森林偷能量都能使虚拟的树苗长高，能量达到一定量之后可以真的申请在某个地区种一棵树。蚂蚁森林有多火呢？根据支付宝官方给出的统计数据，截至 2018 年 6 月，蚂蚁森林用户数已经达到 3.5 亿人，蚂蚁森林种下了 5000 多万棵真树，不知不觉，支付宝真的在地球上种下了整片森林。

其实蚂蚁森林和当年人人网爆红的“偷菜”游戏类似，但“偷菜”游戏虽然娱乐性特别强，可大家除了获得“偷窃”的快感，并没有留下任何成就感。而蚂蚁森林不同，它真正做到了将虚拟照进现实，每当你在蚂蚁森林里种下一棵树，对应着你在现实世界里也同样种下了一棵树。

近几年，游戏化作为一个热门新词被提出来，简单来说就是将游戏的思维和机制运用到其他的领域，引导人们更好地互动和达成目标。想让用户对你的产品从“爱上”到“爱不释手”，游戏也许是一个不错的选择。

产品游戏化，可以参考游戏的设计思维，通过游戏机制来影响用户行为。

比如约定机制、奖励机制、成就机制（身份、收集）、进度机制（完成、升级）、自我表现、社区（助人/合作、竞争）等。

在日常生活中，一些商业活动早就已经在应用类似的方法，比如信用卡积分兑换、航空公司里程积累、各种商家的会员卡计划，等等。只是很多的设计往往看起来并不那么好玩，所以并没有体现出应有的价值。

3. 内容化

在约会时，人们都会通过有趣的行为来与对方交流，比如给对方制造惊喜、保持神秘感等。对于产品来说，也应如此。

大部分产品都不太关注制造乐趣，和用户的对话内容集中在完成任务和效率上，它们就像没有情趣的人，冰冷而又机械，让人实在爱不起来。

今天的营销，产品即内容，内容即产品。研究那些网红产品，它们往往都是自带流量、自带粉丝的，它们的商业逻辑是通过话题和 KOL 口碑实现用户裂变，自发性地聚拢用户。

内容产品化、产品内容化，一款好的产品，就是要通过产品和内容实现与消费者的快速配对，成为用户的 CP。比如橙子，再常见不过的一种水果，可是褚橙却给我们讲了一个 85 岁老人的励志故事，说到褚橙就会想到这个故事：65 年跌宕人生，75 岁重新出发，85 岁硕果累累。用网友的话来说，这哪是吃橙，这就是品人生。

CXO

第3章

CXO 必修课二：客户体验

讲一个我们最近的糟糕体验吧。

我们去一座城市出差，就顺便逛了逛酒店旁边的购物中心。购物中心装修得金碧辉煌，非常“高大上”，名牌产品琳琅满目。我们刚好在专柜看到一件喜欢的衣服，就想试穿下，不过导购冷冰冰的，因为喜欢衣服，我们也就没在意。付款时导购指引说去收银台要左转再右转，可我们花了两分钟才找到。轮到我们付款的时候，收银员却告知不能使用信用卡。最后是什么结果呢？当然是我们放弃购买了。

回顾这次体验，那件衣服其实挺好的，无论是颜色、样式、质感，还是品牌都不错。但我们为什么没有买呢，因为整个购买过程的体验太差了，一是导购服务态度不佳，二是商场导引系统不清晰，三是付款方式过于生硬。

就体验来说，那件衣服的产品体验做得很好，不过另一个体验就做得很差了。这个体验，就是我们所说的客户体验。

从用户体验到客户体验

优质的产品固然是企业立足的根本。不过，越来越多的企业开始重视消费者在整个消费过程中的各个接触点，在那些重要的节点为消费者创造不一样的体验。

从广告开始知道品牌，一直到最终的购买和售后环节，每一个接触点的体验对于消费者的购买决策及其对品牌的忠诚度来说都是至关重要的。优秀的企业不是做简单的产品功能价值传递，而是懂得提升各环节整体的体验，甚至将它们打通成一体，为消费者提供心情愉悦的体验。

即便是医院这样的传统机构，也在努力创造和维护优质的患者体验。很多医院都会在患者出院返家或者转院以后，对患者和家属的就医体验开展问卷调查，调查的内容包括医生及医院其他员工的态度与交流技巧，医院接待患者家属及访客的设施，就医流程是否便捷，疼痛管理的有效性，员工对于患者需求的反应速度，就医环境的整洁和舒适程度，以及对医院的总体印象等。医院搜集到的患者对服务的看法等数据，可用作医院持续改进服务质量的重要依据之一。

以纽约长老会医院为例，其在 2015 年专门任命 Rick Evans 为医院的 CXO，负责与整个医院的患者及其家属体验相关的事务，并负责制订医院未来三年的体验改进战略。而 Rick Evans 本身也是医院的副院长，他与医院的其他高层管理人员、医院董事会及专门的患者体验委员会成员协调开展工作，致力于为患者提供优质体验。

用户与客户

2018 年，在全球最大在线用户研究平台 User Testing 最新的体验行业报告中，将报告名称从原来连续用了多年的 *UX Industry Report*（《用户体验行业报告》），改成了 *CX Industry Report*（《客户体验行业报告》），并特别注明，做出这个改变是为了顺应行业发展趋势。

从用户体验到客户体验，虽然一字之差，但它们的侧重点却是不一样的。要理解这个变化的内部逻辑，就需要对几个营销学对象进行解析，把握这种变化的内在逻辑。

1. 客户

在中国，早些时候，客户是厂商或经纪人对往来主顾的称呼。如今，客户被普遍定义为购买产品、服务的组织和个人。

在英文中，客户对应的是 Client，意为委托人，在律师事务所等中介机构用得比较普遍。

2. 用户

指产品的实际使用人、使用者。英文为 User。

用户通常不是客户，为诠释这两者的区别，巴菲特的黄金搭档查理·芒格讲过一个故事，说他看到有个卖渔具的人制作了许多绿色、紫色并闪闪发亮的鱼饵，他就问："鱼会喜欢这些鱼饵吗？"那人说："我可不是把鱼饵卖给鱼的!"

看完这个故事，大家应该能理解用户和客户的区别了吧？鱼就是用户，而购买鱼饵的是客户。

3. 顾客

就是光临惠顾、购买和消费的客人，泛指来商店购买东西的人或去服务行业要求服务的对象。

顾客英文为 Customer，这是现在用得很普遍的词。我们研究过国内对 Customer 的翻译，有翻译为"顾客"的，有翻译为"客户"的。早期更多是翻译为"顾客"的，现在的趋势基本都是翻译为"客户"了。比如 Customer Experience，基本都是译为"客户体验"。

4. 消费者

消费者是和生产者、经营者对应的概念，用以指代产品和服务的最终使用者。消费者的英文为 Consumer。在描述一些宏观的问题时，"消费者"是使用得最频繁的，表达一个群体的概念。

用户体验

用户体验，英文为 User Experience，简称 UX。

UX 这个术语是在 20 世纪 90 年代初开始出现的，唐・诺曼在苹果公司担任产品设计团队副总裁时创造了这个词。国际标准化组织 ISO 对用户体验的定义是：用户对产品、系统或服务的使用或预期使用所产生的感知和响应。

可以看出，UX 关注的是最终用户，即使用产品或服务的人。用户体验的衡量标准包括：成功率、错误率、放弃率、完成任务的时间，以及完成率等。这是一个相对专注并且范围较小的范畴，构建的是产品和人的关系。

狭义的用户体验，其实就是我们所说的产品体验。但今天很多互联网公司对用户体验的界定已经远远超出产品体验的范畴，延伸到了客户体验领域。

客户体验

客户体验，英文为 Customer Experience，简称 CX。

CX 这个概念则出现得相对晚一些，Forrester 机构对它的定义是：客户与你的公司之间的互动关系的总和。

和 UX 不一样的是，CX 关注的是客户。客户通常也在使用产品或服务，但他们可能是代表别人购买的。

从本质上说，UX 是 CX 的一部分。用户体验关注的是产品和服务，客户体验关注的是所有客户与企业的接触点，构建的是人与人的关系，产品和服务只是其中的一部分，如图 3-1 所示。

回到我们前面所讲的买衣服的糟糕体验，如果企业只关注用户体验，即只关心衣服好看与否，就会忽略了客户的购物体验。很多时候，客户的体验要比产品本身的体验更复杂，虽然不会直接产生销售，却对促进销售有巨大的决定作用。

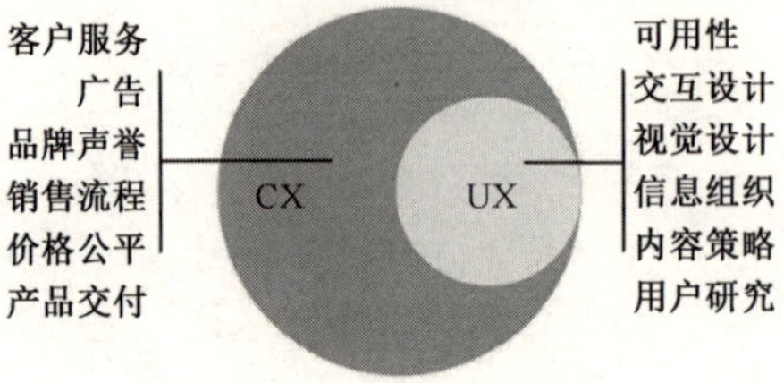

图 3-1　CX 与 UX 的关系

资料来源：UXPin　汉化：鹈小鹏

客户体验是一个旅程

“客户体验是下一个竞争战场。”戴尔公司前首席信息官杰里·格雷戈勒如是说。今天，大家都认识到了客户体验的重要性。但有很多企业的管理者还局限于把 CX 理解为彬彬有礼的员工向客户提供人性化的服务，事实上没有这么简单。

我们做过调研，当前，有 75%的客户对企业提供的客户体验并不满意，有 80%的客户会将其积极的客户体验与更多人分享，有 77%的客户表示在企业累计消费奖励制度等的激励下，会购买更多的产品。

关于客户体验，目前业界形成的共识是，客户体验是指客户在使用产品、服务和系统的过程中建立起来的主观感受。

这里有一个关键词——过程，这也就意味着客户体验不是一个单点的感受，而是一个整体的体验。

客户旅程

客户体验，很显然它就像是一个旅程。客户从产生想法到参与和购买，会跨越各种各样的接触点，因此客户体验是客户跨渠道、全流程、全接触点与企业互动后形成的整体感觉。

除非有设计完善的流程和技术支持，否则再能干的员工也不可能提供优质的、端到端的客户体验。因此，优秀的企业需要专注于开发无缝体验，确保每个接触点互连。

当我们以企业、卖方的角度去思考时，是很难发现客户体验中的痛点和堵点的。只有以客户的身份走完整个旅程，才会理解其中的成功和不足之处。图 3-2 所示是 Oracle（甲骨文）公司的客户旅程图。

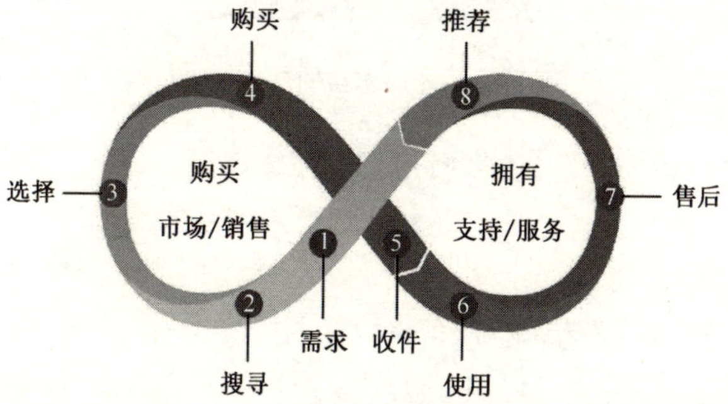

图 3-2　Oracle 公司的客户旅程图

从图 3-2 中可以直观地看到，虽然表象是购买和拥有，但其实是经历了需求、搜寻、选择、购买、收件、使用、售后和向别人推荐这些过程，而其中的每一个过程中又包含了很多接触点，每个接触点上的体验，都是企业需要去关注和提升的。

在今天的数字化时代，企业和客户之间的接触点呈现爆发式的增长，要为客户提供高水平的、一对一的客户体验，就需要对客户旅程（Customer Journey）进行管理，确保客户与企业在线上线下的一系列接触点上成功地交互。

客户体验的 3 个层次

客户体验可以分为需求满足、容易性和心情愉悦这 3 个层次，如图 3-3 所示。

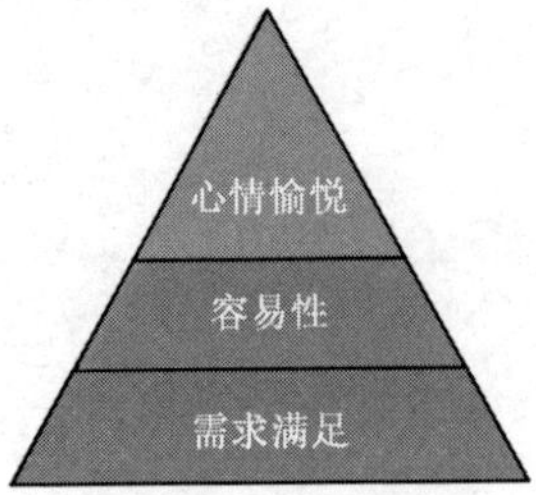

图 3-3　客户体验的 3 个层次

下面以一个客户去银行办理转账的场景来讲解，以帮助大家理解。

1. 需求满足

客户能从与企业的互动中完成他的基本目标。在场景中，客户走到银行，等待叫号，等待柜台操作，一直到最后完成转账的过程，就是客户完成目标任务的过程。

2. 容易性

客户达成目标不必大费周章。相较于亲自到银行柜台办理转账手续，客户只需打开电脑，利用网上银行输入转账信息，即可进行转账操作。

3. 心情愉悦

客户在与企业的互动中得到满足，身心愉悦。客户转账时有人脸识别的选项，并有提示框询问是否将此种支付方式设为默认。客户同意后，便不用每次进入系统时都进行登录，不用在付款界面输入密码了。

只有做到需求满足、容易性和心情愉悦这 3 个层次，客户才会长期使用企业的产品和服务。有了容易性和心情愉悦，再加上对客户的忠诚激励，客户会愿意进行重复消费和自发推荐。

客户体验的 4 个要素

客户体验涉及的内容很多，其中最重要的是企业内外部的工作人员、业务流程、相应的技术支撑，以及整个过程的一致性，它们是客户体验的 4 要素。为便于理解，我们简化为下面的公式来表达：

客户体验 = 人 + 流程 + 技术 + 一致性

CX = People + Process + Technology + Consistency

1. 人

在客户体验中，“人”包括企业自己的员工，也包括合作伙伴的员工，他们是客户最常接触的。在我们研究的很多企业案例中，客户体验差的原因很多时候都与员工的服务不佳有关系。

制订比较完善的服务守则及监督和责任体系，对每个企业来说都是必需的。同时，更重要的是要充分授权那些和客户直接接触的一线员工，让那些经验更丰富、更加了解任务的员工自己去决策。

像在海底捞，一线员工可以根据情况免费送菜给顾客，还拥有免单权。如果就餐当天对顾客是个特别的日子，比如说顾客的生日，一线员工则可以自行决定给顾客开设雅间，或者赠送果盘，在菜的价格上也可以给一定的折扣。这样的管理方式让客户对海底捞感到很亲切，客户体验的分值自然也就比较高。

2. 流程

每个企业都有一系列的运营和管理流程，包括研发、生产、预算、采购、销售、配送、服务、培训等日常的周期性工作。同时，还包括企业的管理制度、标准规范、绩效考核指标等。

这里要重点设计和优化的是那些能催生体验价值的系统能力，也就是关键流程。

3. 技术

这里的技术，可能是企业的专利技术、关键设备，也可能是多年生产积累下来的经验、工艺等。企业特有的，甚至是独有的领先技术，形成了企业核心的竞争力，也为提升客户体验提供了相应的支撑能力。

同时，“技术”可以理解为新的手段或者新的工具。在传统营销时代，连接客户的手段和工具很简单，要么产品连接，要么服务连接，要么产品和服务一起连接。进入移动互联网时代，连接客户的手段就变得更多元了，产品、服务、场景、社群、VR、AI 等手段必须综合应用，打组合拳，才能线上线下配合，满足客户更多、更高的需求。

4. 一致性

一致性实在是太重要了，很多时候仅仅是一个细小的不同，就会引起客户的各种不满。一致性包括对所有客户提供一致性的服务，也包括客户在不同场景、不同时间享受到的服务是具有一致性的。可以说，一致性是客户体验的最低要求，也是最高要求。

一致性有两个层次。低层次的是流程上的一致性，这是刚性的，包括环境空间、着装用语、业务流程、客户习惯、交互逻辑等。高层次的一致性则表现在品牌构建和客户认知层面，比如品牌的调性是什么，给客户提供的核心体验是什么。所有的设计、传播、销售和服务都要围绕品牌体验来展开，虽然企业各个部门的职能和分工不同，但都要保持一致性。

从产品经理到旅程经理

仅仅提供高品质的产品和服务显然已经不够，随着企业的视线开始从用户体验走向客户体验，客户旅程就成为最核心的要素，对客户旅程的管理能力直接成为企业客户体验管理能力的衡量标准。

当企业开始重视客户旅程，就会带来一系列的重大改变，比如投资决定、业务优先级、客户参与度及量化标准等。特别是对于那些不直接和消费者打交道的企业，比如消费品制造商和B2B企业，需要从根本上掌握新技术和新架构，用于搜集和分析客户信息，同时和客户互动，并在设计产品时考虑到客户体验。在今天的商业竞争中胜出的品牌，不仅是因为其卓越的产品质量和价值，还与它们客户旅程的优秀程度密不可分。

很多企业已经在这方面进行了成功的实践。比如新加坡的星展银行，通过核心业务的数字化，改造技术框架，改变传统的银行服务提供方式，将服务与客户旅程融为一体，重塑成了一家新形态的银行。星展银行也因此被《欧洲货币》杂志评选为“全球最佳电子银行”。

关于旅程经理，UXTOOLS网站是这样定义的：旅程经理是组织中专门负责旅程管理的职位，旅程经理围绕所负责的旅程，协同内外部的资源和能力，组织开展一系列旅程管理相关活动，为目标客户提供贯穿全旅程的体验，并达到组织的商业目标。

要从单纯管理产品的产品经理进阶到管理客户旅程的旅程经理，就需要一系列的进阶能力，包括客户旅程地图的绘制、客户旅程分析、客户旅程编排等，并在此基础上，展开客户体验设计的相关工作。

客户旅程地图

客户旅程地图（Customer Journey Map，CJM）将客户为了实现目标而经历的过程进行了可视化，以便更好地满足客户的需求，解决客户的痛点。

绘制客户旅程地图，尼尔森诺曼有一个通用的模型，如图 3-4 所示。

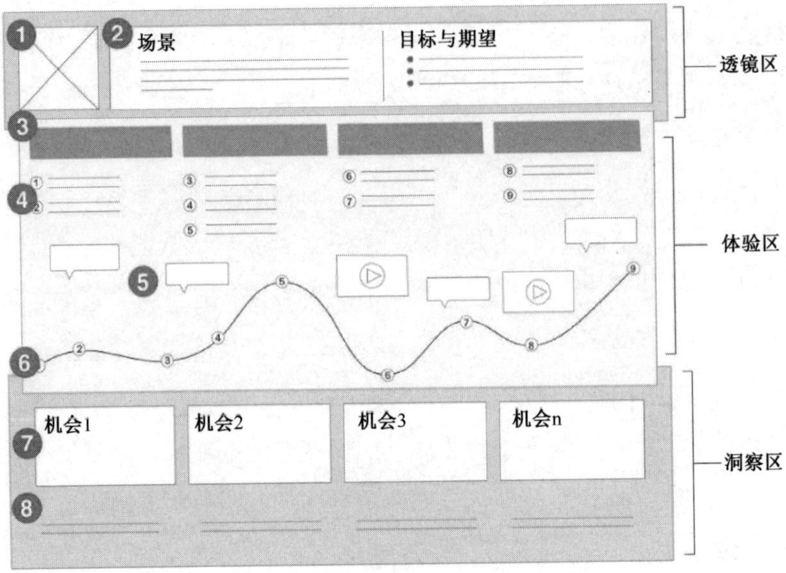

图 3-4　客户旅程地图模型

资料来源：nngroup.com

该模型分为透镜区、体验区和洞察区三个区域。

- 透镜区：1——客户画像，2——场景、目标与期望；
- 体验区：3——客户旅程的不同阶段，4——客户在该阶段的行为，5——客户想法，6——情感体验，其中 5 和 6 可通过引用或研究视频进行补充；
- 洞察区：7——未来的机会，8——内部责权分配。

在企业中，碎片化的理解是长期存在的，因为许多组织从来没有从客户的角度将整个体验拼凑在一起。客户旅程地图创建了一个客户体验的整体视图，它将不同的数据点集合在一起并实现了可视化，从而可以指导来自不同部门、不同业务组别的人员，进行高效协作对话和客户体验优化。

更有价值的是，客户旅程地图集成了两个强大的工具：讲故事和可视化。客户旅程地图以一种简洁的、令人难忘的方式有效传递信息，在设计、市场和营销、内部流程优化等方面都可以发挥一定的作用。

客户旅程分析

没有数据的图形只是故事。没有数据分析，客户旅程地图最多是对“少数”代表性客户的主观观察，更坏的情况还可能会是，你看到的客户旅程地图完全是由组织的各个部门根据他们自己对客户行为的解释形成的假设。

要认识到的是，客户旅程不是被创造出来的，它们是被发现出来的。要发现客户的真实旅程，就需要从各种来源收集实际客户数据，比如网站、移动 App、数据仓库、呼叫中心、电子商务平台和收银系统等，跟踪客户实际发生的交互。

客户旅程地图通常只传达了一些少数的、具有代表性的旅程。但实际上，每个客户都会拥有自己独特的旅程，它们可能与企业设计的原型旅程相似，也可能完全不同。客户旅程分析可以通过揭示一段时间内，不同渠道之间各种不同的真实旅程，根据企业选择的测量指标（如转化率、重复购买率、忠诚度等），甄别出最重要的旅程。

客户旅程关注的是客户从最初访问到目标达成的全过程，而不仅仅关注某一个环节。通过分析完全从客户角度进行的旅程，能够帮助找出企业的产品和服务在各个环节的优势和劣势。

因为要触及成千上万客户的体验，所以技术对于客户旅程分析的重要性正在提升。在大多数企业还在依赖于数据定位与细分工具的时候，行业的领先者们已经搭建起有效的数据管理平台，包括 CRM 和分析技术的应用。尤其是近年来随着大数据的发展，客户的认知和行为轨迹收集有了很大的进步，对客户旅程的分析变得更简单、容易。

从一位电商平台店主的角度来说，你可能觉得每天互动的大量客户其实没有太大的区别，就是买或不买的问题而已。但如果从客户的角度去体验，你就会感受到，其实每一个点击都可以与众不同。比如同一个客户在白天和晚上的网购行为居然会截然不同，而细心分析后才发现是办公室与晚上家中的行为轨迹大有不同。而你想知道的客户不购买的原因，可能是因为他们正在不同的店铺进行比价，又或者是被一个新的功能所影响。在大数据的支持下，支离破碎的客户旅程行为被重新关联起来，从前难以理解的一些客户行为可以很好地得到理解。

客户旅程编排

优化客户旅程将是成功的关键。麦肯锡的最新研究表明，如果一个企业能尽力优化客户旅程，企业的客户满意度平均可以提高 15%，客户服务成本可以降低 20%，企业收入可以提升 15%。

有了客户旅程地图的绘制和客户旅程分析，接下来要做的事就是给出更准确的行为预测，并通过旅程的编排或者设计新的旅程等更丰富的手段来优化客户旅程的体验，从而提高转化率。

追求美是人的天性，所以也难怪女生们每天化身为艺术家，一丝不苟地在脸上描描画画。可是当客户经过化妆品专柜，排列有序的化妆品看起来大同小异，有时满心欢喜地买回家才发现不适合自己。于是欧莱雅与来自 Image Metrics 的数据科学家团队合作，推出了一款可以实时预览美妆效果的化妆天才 App，这款 App 利用先进的面部映射技术，可通过前置摄像头校正面部，自选心仪的化妆品，预览妆后的效果。对于满意的美妆效果，客户可以将其保存后分享给朋友，并可直接在App上收藏和购买化妆品。当消费者在线下逛实体店时，也可以通过扫描产品的条码，虚拟上妆。这款App一上线就获得了1700万次下载量的惊人成绩，同时也大幅度提升了欧莱雅旗下产品的销售成绩。

当然，要实现灵活的客户旅程编排和触发，需要企业具有良好的数字化基础，包括业务能力、营销能力、服务能力等均能实现模块化和数字化。这对于大的企业，尤其是大型传统企业，是一个相当大的挑战。

把客户旅程映射到企业生态

"营销的未来非常简单，就是为客户绘制和优化旅程。"Salesforce首席战略官迈克尔·拉泽罗如是说。

这个不难理解，营销其实就是一个不断"拉新"和"维老"的过程。在体验经济时代，营销的任务就是为客户提供成功的客户体验，而这个体验的核心，就是客户旅程。

但多年来，尽管"客户旅程"和"以客户为中心"已经成为很多企业的热门话题，却没有得到广泛传播。

为什么会这样呢？根本的原因在于，客户旅程并没有很好地与企业的业务系统关联起来，也缺乏相应的KPI考核。如果客户旅程不与真实的业务融合，那它就是一个看上去很美的地图而已。

要真正实现给客户好的体验，就需要关注到每个接触点，把客户旅程映射到企业的生态圈，才能确保从售前、售中到售后，为客户提供全渠道、全流程、全接触点、具备一致性的愉悦体验。

接触点管理

客户体验的这个旅程，是由很多个接触点构成的，比如实体店、工作人员、产品、企业官网、公众号、App 应用程序、客服，等等。

以一个传统电信运营商的宽带服务业务来说，客户从最初的了解到购买使用、到期后续约，会经历多个阶段，如图 3-5 所示。

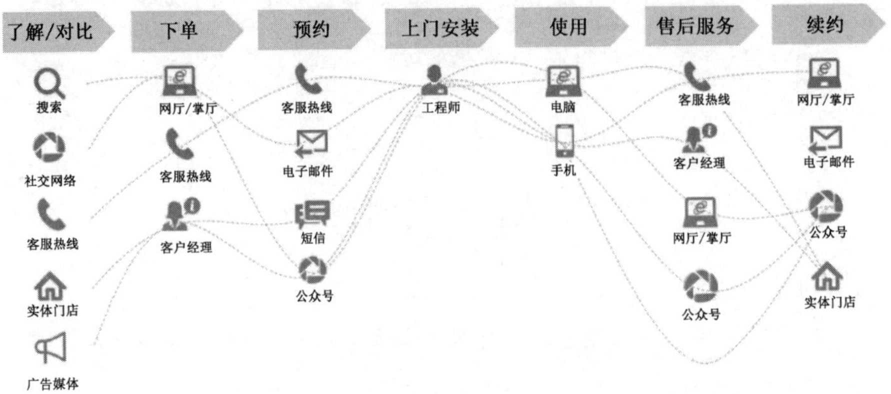

图 3-5　某电信运营商的宽带服务

资料来源：http://uxtools.cc

在服务的每个阶段，客户都可以通过各种线上线下的触点跟企业进行交互，并且不同接触点之间也不是单向线性的，可能会存在往返和迂回。真实的客户旅程往往比我们想象的还要复杂，据统计，一个省级电信运营商的各级线上接触点大概有 300 ~ 600 个，线下接触点更多，高达 1000 ~ 3000 个。

要提升客户体验，需要找到关键接触点，并采取措施进行改善或优化。一般可以通过如下几个步骤进行。

- 明确所有存在的潜在接触点；
- 评估接触点体验；
- 确定每个接触点对客户决策和态度的影响；

- 确定优先次序；
- 建立行动方案。

建立于 1765 年的劳埃德银行是英国四大私营银行之一。劳埃德银行于 2014 年启动数字化转型项目，该项目历时三年，以打造“最佳客户体验”为核心。他们通过与咨询公司合作，共同梳理出了 30 个关键客户旅程，以“评估新客户”和“企业抵押贷款”两个客户旅程做试点，并先后进行了 10 个核心旅程的优化。同时，劳埃德银行还构建了基于客户价值的运营体系，通过组织跨职能团队、建立客户旅程实验室、使用专有预算和重建 KPI 等一系列举措，推动数字化转型的实践。

关键时刻管理

肖恩·埃利斯在他的《增长黑客》一书中提出，增长的关键就是要找到客户在使用产品和服务时的“尖叫时刻”，也就是客户体验的关键时刻。

在客户旅程中，有一些关键时刻（Moment Of Truth）直接影响和决定了客户的购买行为，它们是企业和品牌营销的“决胜点”。这类关键时刻有 4 个，我们称它们为体验的 4 大关键时刻，分别是零关键时刻、第一关键时刻、第二关键时刻和终极关键时刻。

1. 零关键时刻（Zero Moment Of Truth，ZMOT）

零关键时刻，这是谷歌公司于 2011 年提出来的。谷歌对 5000 名受访者进行调查，研究他们在做出购买决策时的情景和数据，最后总结出客户在尚未接触产品和服务之前，就已经开始尝试体验，他们用电脑、手机等进行搜索，并做出决策。

起初 ZMOT 只是谷歌为了推广其移动广告下的一盘棋，谷歌还写了一本 ZMOT 电子书，拍摄了视频，建立了专属网站来推广这一概念。而现在零关键时刻已经成为管理界和营销界普遍认同的，并被写进教科书的经典理论。

2. 第一关键时刻（First Moment Of Truth，FMOT）

FMOT 和 SMOT，则是由快速消费品市场的"老大"宝洁提出的。FMOT，我们称它为第一关键时刻，是指客户看见产品并形成第一印象的时刻。客户在商店货架前，面对一大堆洗发水，脑子里决定买哪个需要 3~7 秒。这关键的 3~7 秒，宝洁把它定义为 First Moment of Truth，简称 FMOT。

第一关键时刻，就消费品市场而言，宝洁认为将产品推送给客户的最佳时刻是他们首次在货架上看到产品实物的那一刻，所以产品的包装、颜色、标签上的信息等，对客户最终是否购买该产品是至关重要的。

3. 第二关键时刻（Second Moment Of Truth，SMOT）

SMOT 是客户购买后体验的环节。事实上，这不仅仅是一个时刻，也是一个过程，是客户体验产品过程中感官、情感等的集合，也包括企业在整个过程中支持客户的方式。

为此，宝洁还设立了客户之家，里面有模拟的小超市和家庭布置，可以通过摄像头来观察客户实际购买和使用产品的行为，为产品研发和改进提供有意义的意见。比如通过观察人们洗衣服的过程，推测客户是否对洗衣粉的味道有要求，是否对溶解度不够满意，而这些信息就隐藏在人们日常的一个动作上，如果不是足够细致和专业就会忽略。宝洁就通过这样的实景模拟，力图掌握客户最真实的需求，为客户研发、生产出最贴心的产品。

4. 终极关键时刻（Ultimate Moment Of Truth，UMOT）

如果在第一、第二关键时刻，客户得到了美好和愉悦的体验，那么他们也许就会成为品牌的粉丝，关注品牌的微博、公众号等，他们还可能会与朋友或同事在线上或线下分享他的消费成果，甚至花时间写下评论，分享给朋友们。

终极关键时刻，是客户基于对品牌的产品和服务的体验，创造与分享内容，发布在网站社区、App 应用程序，抖音短视频、微信、微博等社交媒体，以及京东等购物网站上，供其他客户搜索和浏览到的时刻。

客户自己生产内容，这样的行为虽然是源于客户的自我表达，但也在为其他人提供相关有用的信息，并能通过网络搜索到。企业应该鼓励客户参与每个环节的评论，促进客户写评论、分享评论，从而积累客户兴趣数据，完成客户旅程闭环。

客户旅程映射

改进每个接触点体验是建立和夯实好的客户体验的有效方式。然而，更重要的是考虑客户的全程体验，只有进行全渠道、全流程的接触点优化，才能激励客户最终完成任务或解决问题。

这个工作可以从客户全流程中的“关键接触点”开始，通过基于运营数据和客户调研的分析，找出客户在体验中的痛点，并将这些痛点进行优先级排序，优先改进那些影响关键业务环节的体验。同时，还需要在客户旅程的关键时刻创造一个或多个客户“尖叫点”，以带来更好的客户体验，创造口碑传播的积极元素。

要打造优秀的客户体验，还需要构建积极的客户体验生态圈，打通企业内外部的生态体系。内部的生态体系包含客户可见的销售人员、客服人员、企业网站、企业 App、微博和微信等自媒体渠道，以及客户不可见的如法务、财务、人事、风控，甚至保洁员等。比如在私立医院、中高端酒店和月子中心这些场所，一个保洁员的工作成果甚至会成为客户最终是否选择停留和购买的关键。而外部的生态体系包括材料供应商、技术服务商、代理商、经销商、仓储物流，以及合作的猎头、广告、公关公司等合作伙伴。

今天，像阿里巴巴、腾讯等互联网巨头，通过持续的核心能力布局与战略投资并购，逐步连接和渗透了很多垂直行业。同时我们也看到，它们已经开始尝到了生态系统布局带来的红利。

比如盒马鲜生，作为新零售的典范，盒马从创立之初就开始从客户旅程的角度思考如何为客户提供价值。盒马基于客户价值去决定不同渠道的投入，集中力量打造核心产品，并将“人—商品—数字工具—金钱”串联起来，创新客户的旅程和接触点体验，让数字产品承担线下购物助手，甚至智能导购的角色，颠覆了传统商超的购物体验。这一创新也为盒马实现了约为普通商场 3 倍的坪效，其用户转化率高达 35%，用户黏性和线上转化率均远高于传统电商。

你的企业能否将客户旅程有效映射到企业的生态战略布局上，将成为未来企业进行客户体验管理的成败关键。每个企业必须将客户的生态价值链映射到企业的业务系统上，关注客户价值和情感，持续不断地为客户创造完美的体验。

客户资产：360 度客户体验管理

通常，企业会根据客户性质的不同，将客户分为零售客户和商业客户（大客户），也会根据客户与企业的关系将其分为潜在客户、短期客户和长期客户。

随着企业触及客户范围的不断扩大，客户所涵盖的内容愈加广泛，除了个人客户、企业（包括事业、机关团体）客户，还有分销商、代理商、特许经营者或商家，他们掌握一定的客户资源，为企业销售产品。

今天，客户资产已经被越来越多地提及。客户资源的资产化，即把潜在客户转变为企业真正客户的过程。只有把客户资源转变为客户资产，才能真正带来收益。

客户资产，从企业端来看，可以理解为是一种资本化支出，是传统的会计主体。而在客户端看来，它是客户对企业的忠诚度，是企业与客户关系的一种表现，是存在于客户心智内的一种意识、意愿。对企业而言，建立一套优秀的客户关系管理系统，能有效地维持和发展与客户的长期的、结构性的、层次性的关系，并以此获得最大的客户终身价值，让客户成为企业资产，这具有深远的战略意义。

客户时代

很明显，我们已经进入一个客户占据主动的时代。尤其是随着数字化的赋能，消费者掌握着越来越多的信息和主动权，在产品和品牌过剩的市场上，消费者讨价还价的能力越来越强。

在客户时代，消费者行为的不确定性大大增加。如何更有效地获得客户青睐，是每个企业都发愁的课题。很多在产品时代、渠道时代成功的企业都需要回炉再造，去系统地了解、服务并赢得那些越来越强势的消费者。

以白酒行业来说，传统的营销套路就是"三斧子半"：铺货、陈列、促销+免品活动。这种以渠道为中心的营销模式在供不应求，或者供需平衡且需求增长旺盛的时代是最有效的。但是，当市场进入了供大于求且需求增长疲软的时代，营销就必须从经营渠道转变为经营客户，要求厂商以客户体验为中心开展品牌及产品的推广活动。

像汾酒就发起了"行走的汾酒"文化大巡展活动，在多个主要城市开展活动，让各地消费者在深度体验中感受汾酒文化的魅力。活动现场不仅体现了酒文化、汾酒文化，更是给消费者营造了唯美的牧童、杏花等体验场景。尤其是现场酿造酒的创新体验，让消费者有了参与感，让普通消费者了解到酒是如何来的。整个"行走的汾酒"活动，主角是消费者，所有的元素和活动都是以客户体验为中心的，企业及企业的领导、大咖都是以导游、服务员、讲解员的角色出现的。

乔布斯说过一句话："体验是客户需求的完整交付。"在客户时代，仅仅是给客户传递一个产品或一项服务，显然是无法满足客户需求的。客户需要的，应该是一个整体性的体验。

从 CRM 到 CEM

乐购是全球三大超市集团之一，早在 1995 年，乐购就率先在零售行业推出了以会员卡为索引的 CRM 系统，开始实施忠诚度计划。当持卡人在收银台结账时，出示会员卡就能获得消费奖励，乐购由此掌握了大量客户的购买习惯信息，并对这些会员数据进行了有针对性的运用。比如为不同的细分群体寄送与其购物需求相匹配的抵扣券，基于每家门店的客户偏好来决定每个门店的销售品类，以及快速进行价格调整和库存管理等。

CRM 系统的应用对乐购的业务发展起到了巨大的推动作用，乐购在英国的市场份额由 16%（1995 年），提高到了 27%（2003 年）。然而，单纯依赖 CRM 系统，也导致了乐购后来的衰落，2012 年乐购营业利润同比下滑 13%，随后连续三年利润下滑。乃至投资了乐购的沃伦·巴菲特都公开说，他在投资乐购上犯了一个巨大错误。

乐购衰落的原因是错综复杂的，包括电商的兴起、消费者需求的变化、乐购全球化战略失误等。而最重要的一点是 2012 年 4 月时任乐购 CEO 的菲利普·克拉克所说的："多年以来，乐购锱铢必较地追逐利润，导致乐购已经离客户有点太远了。"

研究乐购对数据的最主要应用，无论是针对市场细分的促销沟通，还是价格、品类调整，乐购所有的努力都指向短期销售收入最大化。而这也是传统 CRM 的不足——过于关注短期销售目标。

乐购号称拥有"全英国最好最准确的客户信息"，这句话也许是对的。乐购的 CRM 里准确记录了大量的客户交易数据，但乐购的客户数据库并不完整，缺失了一些关键的信息：客户在与乐购的交易过程中有哪些感受？有哪些需求未被满足？这导致乐购对客户的了解是片面的，基于此很难做出正确的决策。

越来越多开车的朋友已经抛弃了汽车自带的导航，转而使用高德地图或百度地图等手机 App 导航，原因在于汽车自带的导航只有地理信息，而手机导航多了路况信息，可以给出更为精准的出行路线建议。

这也就意味着，企业对客户关系的管理，要从传统的对产品、品牌和渠道的提升，逐渐转变为对客户体验的提升和对客户忠诚度的培养。在传统 CRM 的基础上，加入 CEM（Customer Experience Management，客户体验管理）的数据信息，实现硬数据（行为、交易数据）与软数据（情感需求）的平衡、客户视角与企业视角的平衡，这已经势在必行。

重视客户体验不是一句口号，企业只有从管理技术和方法上入手，搭建起客户旅程的衡量、评价指标体系，实现对客户体验的可度量、可管理和可监控，实现信息流和工作流的融合，才有可能提高客户整体体验。

CX 360

客户体验是一个旅程。要切实提高客户整个旅程的体验，就需要从战略、范围、表现和运营等多个层面展开行动。比如，在企业战略层面，在确定产品定位及目标客户的同时，也确定客户体验的核心要素；在范围层面，提供全流程闭环的、全接触点的优质服务，尤其是那些跨部门、跨渠道的流程，一定要打通，不能有脱节或断层；在表现层面，也就是客户最容易接触和感知的层面，要简洁化、易用、交互性强，要持续改进和优化；在运营层面，要提升客户黏性，包括进行品牌营销、促销、客户沙龙，邀请客户参与产品设计测试，进行忠诚度激励计划等。

这也就提出了一个 360 度客户体验管理（CX 360）的概念。为每位客户创建丰富的体验资料，通过深入了解客户旅程的每个环节，获取客户 360 度全方位的接触点、渠道和旅程体验，做好准备随时准确、有效地进行响应，从而建立起可信赖的客户关系，赢得终身客户。

在激烈的市场竞争中，CEM 不仅能保留客户的关键因素，而且能够为不同企业挖掘消费者的潜力。CRM 关注结果，而 CEM 关注过程，它体现的是对客户消费全过程的分析与控制，通过提升客户在所有接触点的体验，来提高其价值。

比如良品铺子，这是一个高端零食品牌，是新零售的标杆。2018 年良品铺子全渠道终端零售规模突破 80 亿元，会员数达 7400 万人，拥有 53 个线上线下渠道、逾 2000 家门店，其背后除了有良品铺子在消费者洞察、产品研发、信息化系统、供应链等核心环节的精细化运营，更有良品铺子在客户体验管理方面的极大投入。

过往，零售企业在了解客户体验、洞察客户需求方面，往往是通过“神秘顾客”等传统的调研方法来掌握零售门店经营及服务状况，反馈数据量少、主观性高，而且受限于调研项目的频次，无法做到对客户每个接触点实时数据的反馈收集与分析，以及负面反馈的及时处理和挽回。为此，良品铺子与咨询公司合作，打通既有的 CRM 系统，建立了自己的客户体验管理平台。

比如一个客户的购买，分为导购、订单和支付 3 个环节，而在支付里，又包括支付方式、物流跟踪、签收管理、支付和服务评价 5 个环节。在每一个环节里，都涉及与客户评价相关的互动。良品铺子的 CEM 平台就很好地打通了各个渠道，建立起消费者评价收集、分析、报告和处理的闭环，尤其是可以对各个舆情通道、支付渠道上采集到的投诉自动抓取，统一以工单方式传输给 400 客服中心，既节省人力成本，又帮助客服中心第一时间响应处理，挽回潜在客户。

传统会员管理 CRM 都是以客户的购买行为数据为主的，企业可能知道客户的购买频次、年龄层次、地址，但对他的情绪、态度和体验无法准确感知。而在 CEM 技术的助力下，通过全渠道的覆盖，企业可实现与客户线上线下、无缝无断点的全场景接触，为客户提供一致、丰富、个性化的产品和好的服务体验，实现最优运营效率，这应该是未来客户关系管理的方向。

客户关系：连接是新的货币

对于每个企业来说，客户都是直接创造经济效益的人群，客户可以说就是企业的命脉。在通常情况下，开拓一个新客户的成本是维系一个老客户的 3~5 倍，因此企业在积极争取新客户的同时，更要做好老客户的维系工作。如何既能从客户那儿获得非常大的利润，又能和客户维系长期的良好关系，进而使企业经济效益增值，是每个企业都必须直面的问题。

在传统的交易结构中，很多企业是不直接面对消费端的，企业的产品更多是通过代理商、经销商传递到客户手上。企业不直接面对客户，更多时候是因为成本和代价比较高昂。在这样的模式下，企业和客户之间是没有连接的，当然，客户也就谈不上有什么忠诚度可言。

随着互联网技术的广泛应用，线上和线下不断融合，企业和客户的连接也变得更加便利和容易。以一个企业来说，一方面可以在网上听取客户意见，与客户互动讨论，展示新品，进行市场测试，发起会员活动，提供会员优惠等；另一方面，可以拓展线下实体零售店渠道，强化终端的现场体验、品牌宣传和产品销售等多重功能。同时，可以在庞大的产品客户和会员中，选择部分粉丝举办线下互动活动，通过持续、直接的接触，融入客户生活，深度理解客户需求，从而深化与客户的关系。

于是，在互联网背景下，连接成为新的营销范式。它不仅是企业与客户之间沟通的新原则，更意味着新的“货币”，企业可以因此获利。

强连接关系

社会学家马克·格拉诺维特提出，在人际交往中，有两种关系，一种是强连接关系，一种是弱连接关系。有强连接关系的人指的是和你自己关系非常密切的人，包括你的亲人、密友等，他们和你的联系较强。有弱连接关系的人指的是和你自己的关系不太密切甚至是偶然遇到的人，比如联系不太多的同学、同事，甚至是偶遇的路人等。

通常 B2B 的企业，会更加关注与客户的关系。研讨会、学习培训、技术交流、单独的销售和技术服务小组，这些都是 B2B 企业与客户连接的常见举措。因为企业型的客户需求量大、客单价高，使得企业不得不使出浑身招数来赢得它们，并与它们保持强连接的关系。

随着整个社会质量意识的提高和监管硬性要求的逐渐规范，我们可以看到，今天的大部分品牌或企业都和客户之间建立了一定的沟通和互动。但除了少量优秀的品牌，更多的企业还仅停留在质量保障、售后维修、技术支持这些基本的服务上，与客户的连接关系还非常弱。

和弱连接相比，与客户的强连接关系能为企业发展提供源源不断的动力支持。在和客户完成首次交易之后，企业通过一系列富有互动性、参与性和体验性的服务与客户不断加强联系，增强信任感和影响力，促成多次后续交易的发生。随着稳定交易增多，拓客成本降低，收益持续增加，企业便可以将更多的精力投入提升服务之中，形成良性循环。

如表 3-1 所示，可以很直观地看出强连接和弱连接的区别。

表 3-1　强连接和弱连接的区别

	强连接	弱连接
表现形式	稳定的，紧密的	松散的，不牢固的
客户关系	双向，直接，长期	单向，间接，暂时
客户角色	推荐者	贬损者，被动者
连接方式	服务，情感，多维的	产品，广告，单一的
营销方法	原生广告，内容营销	广告轰炸，推销
业绩贡献	重复购买，高客单价	单次交易，价格战
互动反馈	频繁，线上线下，闭环	偶尔互动，途径少

面对琳琅满目可供选择的品牌、产品和服务，客户可以更自由地去选择他们喜欢的。而今，不只是B2B企业，很多企业都开始认识到，与客户的连接强弱成为决定生死的关键要素，并已经着手进行改变，致力于提供全新的、敏捷的、弹性的客户服务相关解决方案，不断提高强连接客户的占比，从而赢取更多的市场红利。

从弱连接到强连接

近年来，场景营销、跨界营销、社会化营销等各种体验型的营销风潮层出不穷。先吸引客户的注意力，然后撩拨客户的情绪，打动人心，让客户在参与和互动中了解品牌，感受品牌的温度，这几乎已成为新营销时代的最新潮流。

构建与客户的强连接关系，是每个企业的目标。但你想连接客户，客户愿不愿意让你连接才是关键。每个企业都要问问自己，客户愿意被你连接吗？连接后会喜欢你吗？凭什么愿意被你连接，凭什么会逐渐喜欢你？答案只有一个：提供有价值的体验，并且以客户喜欢的方式日复一日地输出。就像追求一个女生一样，坚持、真诚、实在、有趣，最终就能俘获芳心。

1. O2O融合

线上和线下已经完全融合。如今，无论是线上营销带动线下经营和线下消费，还是在实体店体验后转到线上购买，都已是很稀松平常的事。客户的生活和消费轨迹正在融合，企业应快速整合各种线上、线下的渠道，聚合O2O（Online To Offline）的优点，多角度、全方位地接近消费者，从各个方面关注并提升客户体验。

2. 社群经营

物以类聚，人以群分。社群就是一群人的集合，他们有明显且共同的社交属性。移动互联网时代，客户的社群化特征越来越明显，主流的社会结构正演化成一个个分散的社群。通过去中心化的社交和网络服务的方式，形成了一个强连接关系的社交部落。每个人在社群中既是一个内容的贡献者，同时也是一个获利者，大家在圈层化的互动和体验中共享互利。

3. 会员体系

精细化运营是在产品同质化环境下留住客户最有力的武器，其中客户成长、客户分级的会员体系是常用手段之一。一个良好的会员体系，能带领客户实现从新手到种子客户和超级客户的转变，和客户建立情感关联，最终实现客户黏性和企业价值的提升。

4. 忠诚奖励

在服务和体验的规划上，以使客户的终身价值极大化为目标，不仅关注客户的消费和购买，还要通过各种生活场景的串联，以及交互体验的设计，激励客户做出更多元化的贡献，如点赞、分享或推荐，目的是使客户在营销推广、销售、产品创新等各环节发挥更大的影响力。

5. 客户关怀

通过对客户行为的深入了解，主动把握客户的需求，通过持续的、差异化的服务手段，为客户提供合适的服务或产品，最终实现客户满意度与忠诚度的提高，比如记录客户信息、生日关怀、多渠道信息营销、电子账单和节日问候、储值消费、积分管理、流失顾客挽留等。

6. 24h 响应

客户无论身在何处，企业都需要能够在客户希望的时间和地点与他们会面。除了网络自助服务和知识库，客户还需要在线聊天、视频、消息应用程序、社交媒体、电子邮件、论坛、短信、呼叫中心等多种渠道和服务方式。所见即所得，品牌要能提供覆盖各个不同渠道的、一致性的客户支持，随时随地与客户开始对话。

满意度的二维模式

不知道大家有没有这样的消费经历？

你刚踏入店门，满店的导购都在喊：欢迎光临。然后导购 A 说，这是我们的新款上衣，你说谢谢，我想自己看看；导购 B 说，要不要看看我们的新款裤子，试衣间在那边，你说谢谢，我自己看看；导购 C 说，这边来看，秋装打折，一件七折，两件五折，买两件很划算，这件应该适合你。整个店的服务很热情，但你却开始不自在了，心里有一种厌烦的情绪，不一会儿你就走出了店门。

过度的热情反而让人生厌，是不是很懊恼呢。今天每个企业都在尽力取悦客户，试图在每个接触点为客户提供更加优质的体验，但有个问题也必须要引起重视，那就是强连接的负面效应，切记过犹不及。

在日常的客户满意度应用中，通常都认为满意度是一维的，即某个产品提供更多功能、服务时客户就会感到满意，相反，当功能、服务不充足时，客户会感到不满。因此我们可能会不断在产品中添加新功能，通过这种方式提升用户的满意度。但是事实上会发现，并不是所有新增或优化的功能，都能提升用户的满意度，甚至有一些还会损害客户的体验。

这也就是满意度的二维模式，日本教授狩野纪昭的理论研究证明，并非所有的因素对客户满意度产生的影响都是一维的，当提供某些因素时，未必会让客户满意，有时可能会造成不满意，有时提供或不提供某些因素，客户认为根本无差异。

因此，在构建与客户的强连接关系时，企业要注意识别满足的是客户的基本型需求、期望型需求，还是兴奋型需求。并对那些无差异型需求，甚至是提供后客户满意度反而下降的反向型需求尽量避免。通过有价值的客户体验，切实提高客户满意度，并将体验转化为有意义的客户关系。

如何把客户变成你的粉丝

客户就是上帝，这是很多人都认可的客户思维。但在现实中，如果你真正把客户当成是上帝去伺候，结果肯定是苦不堪言的。

企业和客户的关系，究竟应该如何处理呢？我们不妨把思维反过来，尝试把客户培养成粉丝。

艾瑞咨询发布的《2018 年中国青年人兴趣社交白皮书》显示，21 岁及以下的青年人群体中，近 89%的年轻社交用户追星，79.6%的人愿意积极为偶像应援、打榜或投票，约 50.3%的追星族愿意购买偶像代言的产品。

粉丝力量不容小觑，放眼消费者群体，购买力、流量、“自来水”效力的集大成者非各偶像的粉丝莫属，粉丝为他们的“爱豆”斥巨资应援的例子比比皆是。在宣布鹿晗成为品牌代言人后，欧舒丹在中国区的销售额大涨 26.9%；OPPO 联手李易峰面向粉丝推出 OPPO R7 特别版手机，3 天之内预订数量达到 7 万单，销售转化率高达 37%；《偶像练习生》真人秀节目，“偶练女孩”买了这辈子都喝不完的水，直接让农夫山泉维他命水在与节目合作期间的电商销售量激增 500 倍。

“圈粉”不仅仅是娱乐圈大明星的专利，许多企业品牌都建立了粉丝团，如苹果的“果粉”、小米的“米粉”、华为的“花粉”等，各种各样的粉丝层出不穷，深度发掘粉丝的商业价值，已经成为企业打造品牌资产、提升销售业绩的重要手段。

粉丝营销

粉丝一词来源于英文“Fans”，是迷、爱好者、追星族的意思。随着以 90

后、00 后为代表的“Z 世代”逐渐成长，他们已成为社交媒体最大的用户群体，在他们中流行的二次元文化和粉丝文化也慢慢突破圈层，不断为大众所熟悉。

如今，粉丝经济已经成为当今社会发展中不可或缺的一部分。“得粉丝者得天下”，无论是个人影响力的大小，还是品牌的发展等都很大程度上取决于粉丝的数量。如何满足这些新一代消费者多样化的偏好和口味，激发他们的热情与活力，是新营销要写的命题作文。

粉丝的价值在于，他们都是企业的客户，是产品的爱好者、追随者甚至狂热者，有了数量庞大的粉丝，也就意味着产品有了庞大的客户基础。更重要的是，在互联网时代，粉丝变成了企业的传播媒体，借助于微信、微博、抖音这些网络平台，形成传播的裂变和增长。

以知识服务和运营商罗辑思维为例，它将目标用户定位为 85 后白领读者，为他们提供了内容互动与精神价值输出，激发他们的独立思考能力和积极性，形成分享的习惯，并通过活动使他们受益。比如罗胖子图书销售、柳促销活动、众筹月饼销售等，通过这些项目，粉丝们可以向外界销售产品并获得回报。更重要的是，那些有能力和才华的人可以在罗辑思维的 300 万用户面前展示自己，通过自己的能力得到大家的认可和支持。通过罗辑思维，粉丝们获得了声誉和财富，而他们也养成了付费模式习惯。

从本质上来说，粉丝和客户有什么区别呢？对于客户来说，他们和企业是利益关系，客户的购买是理性的。而对于粉丝来说，他们不仅仅是购买者，还是企业的合作伙伴、宣传者、追随者，对产品和服务的某些瑕疵有很高的容忍度。从受众、客户到粉丝，企业就和客户有了情感上的联系。

毫无疑问，粉丝是每个企业都最喜欢的客户了。但客户虽然变成了你的粉丝，归根到底还是一种客户，企业只有重视、维系这种关系，才能让更多的客户变成粉丝，取得他们的信任和爱戴。

阿里巴巴在美国上市，谁是敲钟人？不是马云，是阿里巴巴的八个用户，确切说是阿里巴巴的所有用户。这么荣耀的时刻，马云把它让出来给自己的用户，目的是什么呢？他是在给阿里巴巴的所有用户尊重的感觉。

人格化

为什么人们会追星呢？从进化心理学的角度来看，追星是一种进化而来的本能，反映了大众对于社会中成功者的学习。比如在远古的狩猎采集社会中，人们崇拜追捧的对象是斩获丰厚的猎手，向这样的成功者学习，可以为自己带来生存优势；到了现代社会，人们依然会追捧成功者，不过成功的标志变成了财富、地位与名声，而明星在这几方面具有天然的优势，自然会成为追捧的对象。

从关系类型来看，粉丝和明星之间的关系是一种典型的类社会关系。在传播高度发达的今天，这种类社会关系越来越能伪装成“真正”的社会关系。比如在真人秀节目中，可以围观明星的喜怒哀乐、恩怨情仇；在微博等社交媒体上，明星可以随便聊聊生活琐事，心情好时还会回复一下粉丝。这些方式似乎拉近了粉丝和明星的距离，让明星从一个符号变成了一个活生生的人，因此有人说互联网经济就是粉丝经济。

参考明星包装的手法，企业要把客户变成粉丝，很显然，也需要进行人格化的包装，赋予企业的品牌以人格，让品牌形象更加生动，更加贴近客户需要，实现与目标客户的心理投射，以及价值观的共鸣。像海尔、三只松鼠、江小白等品牌，就很好地做到了人格化，塑造了会动会说话、有态度有个性的品牌形象，也就拥有了大量的粉丝。

2017 年暑期，有一部电影叫《战狼 2》，才上映 13 天，就刷新了国产片票房纪录，最终拿下 56.8 亿元的票房。回顾《战狼 2》的成功，除了电影本身过硬的产品质量，吴京团队的人格营销也功不可没。

在《战狼 2》上映前和上映期间，整个电影的营销就不断进入观众的视线，成为热点话题。吴京在一次专访中也坦言：我营销怎么了，不卖不吆喝才有病。分析《战狼 2》所有的传播渠道、受众和内容，可以看出有一个鲜明的主题：委屈。中华民族的委屈，电影人物的委屈，吴京和吴京团队的委屈，当这些委屈被释放出来的时候，大家就都成功了，观众获得自豪感，吴京团队赢得票房。

客户参与

小米联合创始人黎万强在他的《参与感》一书中，讲述了小米是如何通过粉丝营销获得成功的，其中的核心，就是参与感。比如在开发 MIUI 时，让“米粉”参与其中，提出建议和要求，让工程师改进；实施全员客服，小米的领导和员工都是客服，不断与粉丝交流，让他们感受到自己的价值，并立即解决问题；通过爆米花 BBS、米粉节、同城会等活动，增强自我认同感，让“米粉”固化“我是主角”的感觉。

参与感应该有以下三个维度。

1. 客户参与营销活动；
2. 客户参与产品创新；
3. 客户参与企业的内部管理。

随着社会经济的发展和消费升级，客户越来越重视消费过程中的参与感、体验感和存在感，他们对冷冰冰的品牌不感冒，“你若端着，我便无感”是最好的注解。如今越来越多的企业已经认识到，让客户参与产品研发或销售等环节中，是多么的重要。客户的参与感越强，他们和企业的黏度就越强，产生的价值也就越大。

在新的商业形势下，要提升客户体验，不是简单地听取客户需求、解决客户问题，而应该是让客户参与到企业的整个商业链中，从需求采集、产品构思到产品设计、研发、测试、生产、营销和服务等环节，都要尽可能开放出来让客户参与，汇集客户智慧，和客户共同赢得未来。

比如乐高积木，它的目标客户不仅是儿童，更多的是成年人，他们活跃在社会化媒体的平台上，讲述他们和乐高的故事。乐高鼓励消费者提交自己设计的积木模型，并从这些设计中挑选出优秀的作品作为备选方案，然后让消费者投票选出最好的方案，而获奖者能从销量中分享到 5%的利润。

沿着这个思路运作下去，乐高根本不知道下一代的积木产品是什么样的，一切由乐高的客户说了算，将支配权交给了消费者。这样不仅节约了设计成本，还可避免设计的产品不受市场欢迎的风险，从本质上调动了消费者的创造力，让他们奉献力量。同时，从心理学来说，当消费者参与了创造，他们就会卖力地推销产品，因为这个产品中有他们的一份努力，他们要让这个产品行，不然会丢面子。

影响者

每个企业都在寻找与客户建立关系的新方法，有一个不断上升的趋势值得大家注意，那就是“影响者营销（Influencer Marketing）”，利用影响者打进目标市场，利用影响者拉近你和客户的关系。

这样的场景你是不是很熟悉呢：你坐在最喜欢的咖啡店里喝着咖啡，突然一个陌生人来到你桌前，问是否能同坐。你本能地把钱包拉近一点，然后找个借口溜了。一周后，你最好的朋友告诉你，她想让你见一个人，并介绍了他的优点和缺点。当你和他见面时，发现就是那天你在咖啡店遇到的那个陌生人。但这一次你放下了戒备，因为他是你非常信任的好朋友介绍的。

我们可以从这种生活中的心理现象进行学习，不用凑到客户面前，告诉他你有多好，而是让影响者，也就是他信任的人、他身边的人，告诉他为什么他应该关注你的产品和服务，因为影响者的话在客户听来要可信得多。

营销大师菲利普·科特勒曾在《营销革命 4.0》中也写道，未来客户的选择会越来越水平化，他们对待品牌市场营销的态度会愈发谨慎，反而更多地依赖“F 元素”。这里的 F 元素指的就是家人（family）、朋友（friend）、关注者（follower）和粉丝（fans）。

影响者营销和请明星代言有相似的地方，但是影响者更讲究的是面向一个已经存在的群体发声，这个群体中都是高度活跃和参与度高的粉丝。影响者是你和客户之间的共同朋友，影响者有良好的社会关系，具有权威性，思维活跃，他们是潮流领导者。

所谓影响者，指的不单是拥有大流量的人，更是真正能够影响别人采取行动的红人，比如大 V、网红、明星、草根大号、垂直小号、行业专家，当然也包括你的忠实客户，以及你的员工。

关于影响者营销，你可以邀请影响者分享产品和服务的使用体验、测评，也可以邀请影响者进行代言、参加品牌的重要活动，以及与影响者联合推出福利活动，激励客户等。

苹果就是善于利用影响者进行营销的企业。每次 iPhone 发布会，苹果都要邀请数百名记者和科技爱好者参加，发布会还没结束，新一代的 iPhone 就已经上了各大新闻媒体的头条，引起了几乎所有科技爱好者的讨论，迅速引爆话题。如此多的群体自发性传播，覆盖了各式各样的媒介，似乎不谈论 iPhone 就落后了。即使原本不感兴趣的网民，也或多或少通过各种平台了解到了新一代 iPhone 的信息。

倾听客户之声，提升客户满意度

随着产品的日益丰富，企业的竞争已经从单纯的产量、质量转移到高度重视客户满意度。客户在购买和使用的整个过程，包括购买前、购买中、购买后的使用、咨询与维修服务等环节的体验决定了消费者的最终态度与行为，因此越来越多的企业开始重视全程客户体验。

2018 年 10 月，亚马逊网上商城新增了一个买家之声（the Voice of the Customer）的版块，可以帮助卖家了解买家满意度状况，查看买家对商品或者商品信息的反馈，并采取措施解决相应问题。

为了增强客户体验并促进业务增长，许多公司都在开发客户之声计划。比如全球奢华酒店管理集团四季酒店就搭建了一套全面的客户之声系统，从客户抵达到结账，包括礼宾部、工作人员、酒店本身、水疗中心、会议中心、健身中心、室内便利设施、客房和餐厅等都在客户之声系统中，覆盖了整个客户旅程，并能在第一时间将客户相关信息传递给组织中合适的人员以采取行动。四季酒店还不断更改临时调查问题，以测试和推出新计划，比如在每个房间配备一个 iPad，并为特定物业提供一个移动应用程序等。通过客户之声计划，四季酒店能够真正理解客户并与客户保持联系，努力超越客户的期望，实现世界一流的酒店客户满意度。

什么是客户之声

客户之声，英文为 Voice of Customer，简写为 VoC。简单来说，客户之声就是听取客户的意见。

对于企业来说，这不是什么新鲜事，每个企业都在倾听客户之声。但遗憾的是，很多企业只是听听而已，并没有将其真正和业务关联起来。VoC 是一个系统闭环，它不只是收集和了解客户反馈，更强调行动，把客户反馈纳入企业的产品和服务中，直接改善产品体验和客户体验。

新一代的年轻消费者都有智能移动设备，在新的客户交互场景下，客户体验已经从企业主导的多渠道服务，向客户主导的全渠道体验进行转变。传统的 VoC 主要是收集客户满意度的一些整体数据，而今天的 VoC 必须要能关注到每个接触点的数据。

收集客户反馈是业务增长的基础，VoC 不是仅限于收集一些数据，更重要的是了解数据背后的原因，了解客户的兴奋点、痛点、堵点，以及困惑之处。知道了客户的问题，解决问题就变成了目标。

VoC的3个要素

一个好的客户体验，旨在帮助客户在使用产品和服务时，能实现预期的目标。在客户体验架构中，客户之声是非常重要的一环，如图3-6所示。客户之声直接反馈了客户的需求，因此VoC是企业战略层面的事情，需要所有部门协调一致来面对挑战，解决问题，从产品开发、销售到服务等各环节切实改善客户体验，推动企业成长。

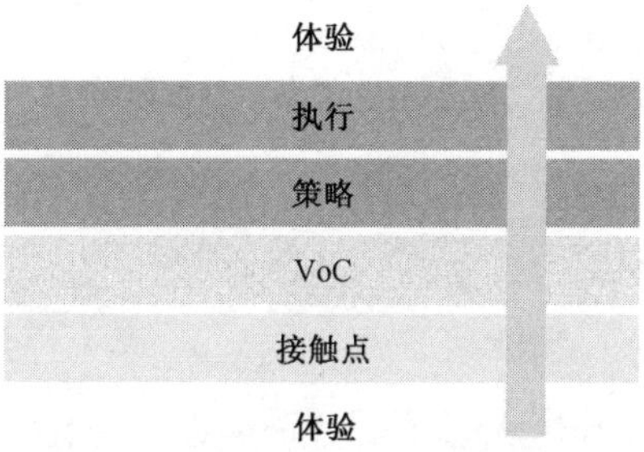

图3-6 有效客户体验架构

成功的VoC计划是一个由3个活动组成的循环，这些活动构成一个闭环过程，包括倾听、分析和行动3个要素。

1. 倾听

这一步至关重要。要想实时获取有效的客户反馈，就要结合体验数据和运营数据，在客户旅程中的各个接触点进行数据捕获，不断给客户提供低成本、便捷的反馈通道，与客户进行互动。

常见的倾听方式有品牌电子邮件调查、Web拦截、App应用内反馈、短消息渠道、社交反馈和评论、IVR系统、通话和聊天记录，以及通过连接的物联网设备等获取反馈信息。尤其是社交媒体高度发达的今天，利用社交媒体进行倾听，是每个企业都需要引起重视的途径。

2. 分析

VoC 数据有内部运营数据、质量监控数据、客户咨询投诉、联络话务数据、客户调研数据，以及来自社会化媒体上的反馈信息等。在大量的数据面前，分析是一件困难的事，好在今天的大数据等技术已经能够帮助我们分析和发现模式和趋势。

对客户之声的分析包括业务分析、行动分析和流程分析等。企业还可以创建动态仪表板，利用各种分析和见解来实现对客户体验和情绪的可见性，并向正确的组织角色反馈或警报。

3. 行动

通过深入理解客户之声，并对客户之声进行分析，发现产品设计、业务推广和服务运营中的问题后，就需要尽快做出行动。对于所有客户反馈必须尽快响应和解决，这是基本标准。

很多优秀的企业，都建立了重视客户反馈的文化，它们听取客户反馈，实时报告和分析，及时进行反应，不断改善体验并监测结果。

以跨国电脑软件 Adobe 公司来说，新手启动是客户成功的关键节点，直接决定了客户的留存。于是 Adobe 就利用 VoC 来解决这个问题，通过打通在线客服和工单系统，自动整合数据，提升客户满意度。Adobe 会根据新手在软件使用不同阶段的里程碑节点，自动化发送调研，根据客户的满意度结果，自动指派行动点并把相应的资料发给对应负责人，提示尽快响应解决。在新手问题解决之后一段时间，Adobe 会发一份新的调研给客户，询问初始的问题是不是被解决了，从而形成完整的闭环。

CXO

第 4 章

CXO 必修课三：员工体验

如果评选全球最好的办公环境，谷歌公司一定可以名列前茅。谷歌的整个办公室区域充满了设计感与科技化的装饰，躺椅、按摩床、洗浴区、健身房、游戏区，办公区内有免费的美食餐厅、零食区，甚至还有麦当劳、电影院等。这里就像是一个迷你城市，你完全可以在这里找到另一半，不出办公室就能够满足你生活的全部需求。

谷歌的休假政策也是很为人称道的。在谷歌还有一项福利制度，允许员工互赠假期，员工除了能自己享受悠长假期，还能把自己的假期赠送给他人。比如有一个员工家人病了需要回家照顾，其他员工就可以把自己剩余的假期无偿赠送给他。这个制度的来源，是一个温暖的故事：

在几年前，有一名谷歌员工的家人卧病在床。这名员工休假回家照顾家人。但是在他的假期快结束的时候，他家人的病情仍然没有好转。这名员工当时面临两种选择：要么选择请假（不带薪），要么离开生病的家人，返回工作岗位。该员工团队中的另一位同事听说后非常同情，并向公司提议，号召其他员工将自己的休假时间送给这名员工几天。

从那时起，谷歌就制订了一个政策：如果同事有需要，你可以从你的带薪休假中抽出几天，赠给他们。谷歌将这项政策纳入了企业制度中，让人人都能够从中受益，而不单单是某一个人。互赠假期这项政策的推出，可以看出谷歌充分考虑到了员工的需求和体验，意在打造一个良好的企业环境，让有创造力的员工去改变这个世界。

那些优秀的顶尖企业，无一例外地都十分重视员工体验。比如阿里巴巴每年都为全体员工的父母安排一次免费体检，这项福利有个好听的名字叫“康乃馨”关爱父母计划。要知道承包员工家属的健康体检，成本并不低，但比起口号式的员工满意度，全方位福利更能让员工感受到企业的关怀。

作为一家业务遍布 170 多个国家和地区的全球化公司，华为一直把员工当作企业的宝贵财富。2018 年 5 月，埃博拉疫情又一次在西非的土地上爆发，华为第一时间响应，在疫情涉及的国家和地区，成立了专人负责的监控小组，建立信息通报机制，制订疫区人员出入管理规定。同时，邀请相关防控专家开展了多场埃博拉知识讲座，并派遣具有丰富医疗经验的专家前往一线，系统地管理疫区员工及家属的健康。截至 2018 年底，华为员工及家属无一人感染埃博拉病毒。

关注员工的体验

每个企业面对的实际上都是两个市场，一个是前端的产品市场，面对的是客户；另一个是后端的人才市场，面对的是员工。

如今，无论是前端的产品市场，还是后端的人才市场，竞争都越来越激烈。从前端来看，营销的任务是拉新、客户的留存与转化，从后端来看，管理的任务则是更好地吸引和留住人才，让每一个员工都发挥最大的效用，也就是实现员工的终身价值。

企业所有的事情，不管是生产、研发、营销，还是售后服务，最终都归结到人，归结到一个个具体的员工身上。如果员工的体验不好，在企业内部没有得到资源、技术、情感上的支持，没有存在感和归属感，很难想象他们会以客户为中心，也就不可能有企业追求的极致的客户体验。

可以说，员工不仅是企业价值的创造者，也是企业产品与服务的传递者，员工的工作状态直接影响着企业的产品和服务，决定着企业在前端市场的表现，也决定着企业最终能否取得成功。

员工体验对于企业的重要性不言而喻，它已经成为企业利润增长的关键因素之一。根据人力资源专家 Jacob Morgan 调查得出的结果，6%具有卓越员工体验的企业的平均利润是其他企业的 4 倍。同时，麻省理工学院（MIT）2017 年的一项研究也表明，具有良好员工体验的企业能够占据业务优势，其中包括客户满意度翻倍、创新加倍、盈利能力比竞争对手高 25%等。

如今，很多的企业都意识到了这一点，并展开了相应的行动，在关注客户体验的同时，开始关注员工体验的提升。由知名人力资源媒体 HRoot 与雇主品牌专业机构 WINGs 联合主办的“大中华区雇主品牌创意大赛”，就专门设置了“最佳员工体验奖”，先后有百度、李锦记、中信银行、拜尔斯道夫、安利、惠氏等多家企业获得该奖项。

什么是员工体验

广义的员工体验（Employee Experience，EX），可以理解为员工在与组织的关系中的所有感受和评估。也就是说，员工体验是员工从作为候选人与企业的第一次接触到雇佣关系结束时的最后一次接触中，遇到的和观察到的一切事情的感受总和。

最直观的员工体验莫过于办公环境、学习培训、薪酬福利等可量化的内容，但更多的员工体验却是看不见、摸不着，也是无法量化的。

和客户旅程一样，员工体验不是一个单点的改善，而是要关注全接触点的优化与升级。积极的员工体验，既能够帮助企业吸引和留住优秀的员工，又能让员工给客户传递更个性化和人情化的体验。

如今，企业的员工基本都接受过优良的教育，都是知识型工作者，他们对工作的理解不只是生存的工具，更是实现自我价值的舞台。很多时候员工是内部客户也是外部客户，他们在作为企业产品和服务提供者的同时，也是企业产品和服务的消费者，他们在为公司效力的同时，也在考虑着是继续留下还是选择离开。

尤其是个性十足的80后、90后不断涌入职场，他们想要锻炼自己的领导技能，实现自己的职业抱负。因此，那些能够满足员工需求、沟通透明、公正对待员工的组织才是他们的理想之选。同时，在远程办公、灵活办公、互联网技术等新潮流下，员工有了更多样化的选择，流动性越来越大，对组织的忠诚度变得异常脆弱。

工作已不再只是谋生工具，人们越来越关注自我价值的实现，希望在工作中收获有意义的成长。因此，单纯的物质刺激已经无法满足员工升级的精神需求，企业需要构建新的企业文化来响应员工不断增长的需要和诉求，在领导者的管理理念中，在团队的运作模式中，在员工的成长平台中，让员工有主人翁的感觉，能充分施展才华，更好地创造个人价值。

员工体验就是核心竞争力

关注员工体验，正成为体验领域新的聚焦点。企业的核心竞争优势体现在哪里？我们觉得就是体验，是客户体验与员工体验之和：

体验 = 客户体验 + 员工体验 = 竞争优势
（CX）（EX）

客户体验和员工体验是同一个良性循环的两个部分。将以客户为中心的原则应用到员工身上，将能实现积极的员工体验，而这又有助于加强企业的价值创造、生产力和业务增长，继而实现更为卓越的客户体验。

Forrester 机构发布的 2019 年市场报告也显示，员工体验（EX）已经成为焦点，企业领导者正在开始管理变革，用更有针对性的实效举措去取代以前范畴较宽的企业文化变革。

从管理到体验

如今市场环境瞬息万变，客户需求升级且多样化，技术发展速度越来越快，产品生命周期越来越短，专业化竞争不断加剧，如何不断激发员工的积极性和创造性，实现持续创新，保持企业的竞争优势，成为每个组织面临的最大挑战。

当外部的客户体验越来越受重视时，企业内部的客户体验，也就是员工的体验被提上了议题。很多企业开始站在员工的视角看待问题，并注意员工所处的每一个阶段。更多的企业认识到员工体验是团队获得成功的重要因素，他们开始通过改善工作环境、投资培训，以及给予更多的奖励来鼓舞和打动员工。

传统的垂直管理容易形成上下级意识，关注的重点一般也都在管理与规范方面，而不在服务与体验上。这也就是很多企业的传统行政部门容易被投诉，网上也经常会看到员工“吐槽”的原因。

积极的员工体验会带来愉悦的客户体验，为企业带来更多的业绩。相反，消极的员工体验不但影响企业业绩，还会直接导致员工的流失。更多的企业为了吸引和留住人才，不得不在员工体验上投入成本，提供良好的办公空间、个性化的服务与体验。

随着人才市场争夺战不断升温，提供具有吸引力的员工体验成为每个企业争夺和留住人才的核心。传统的管理思维正在发生改变，开始从聚焦“员工管理”转变到聚焦“员工体验”，从以企业为核心的价值观转变到以员工为核心的价值观，把焦点真正回归到“人”，如图 4-1 所示。

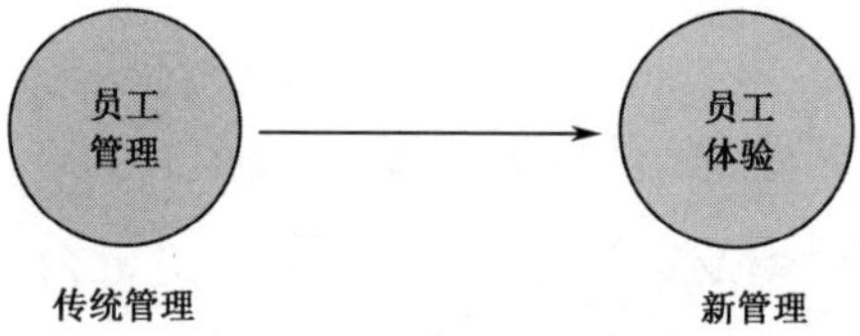

图 4-1　管理思维的转变

比如爱彼迎（Airbnb）就设置了“员工体验全球负责人”的高管职位，替代了我们常见的首席人才官，具体负责推动员工体验的全面开展。在爱彼迎公司没有行政部，却有员工体验部，其官网对这个部门的介绍是这样的：“我们通过不同的方式为我们的员工服务。无论是通过建立一个令人满意的健康膳食计划、为我们的员工提供最新的科技、招募最顶尖最聪明的人为我们工作，还是保证我们的办公楼有最好的工作环境，员工体验团队触及爱彼迎的方方面面。我们的目标就是提高公司的健康和快乐程度，我们为之乐此不疲。”

不只是爱彼迎，微软、通用电气、思科、浪潮等知名企业都有员工体验负责人。在顺丰速运，有个岗位就叫“员工体验官”，所谓的员工体验官，就是善于发现和解决问题，能敏锐洞察身边变化，帮助检视公司制度、流程，协助提升员工感知及满意度的顺丰员工。

员工体验方程：EX=$P\times T\times C$

俗话说，得人才者得天下。后端的员工在一定程度上决定了你所能提供的产品和服务，也就决定了你能在多大程度上拥有前端市场，因此在关注外部客户体验的同时，内部员工的体验也应该被管理者重视。

企业应该是两个客户都要抓，一手抓外部客户，一手抓内部客户，通过提升员工的体验，更有力地提升绩效，增强企业整体竞争力，赢得更大的市场机会。

不能只是关注人才的建制和管理，更要关注员工的体验，要把传统的人力资源管理职能与产品研发、运营、市场营销、企业社会责任、品牌传播等职能相结合，致力于为员工提供最佳的工作体验。

目前员工体验的实践还在探索中，员工体验还缺乏可量化的指标，很多企业也需要调整相关的流程和组织架构来进行适应，同时，提升员工体验增加的运营成本也需要斟酌。但欣喜的是，员工体验已经成了人力资源领域的新焦点，员工价值得到了前所未有的重视。

关于人的心理与行为，社会心理学先驱库尔特·勒温有一个著名的场论。库尔特·勒温认为：个人的一切行为（包括心理活动）是随其本身及所处环境条件的变化而改变的。

毫无疑问，员工体验也是受环境影响的。对于企业来说，要塑造积极的员工体验，可以从员工所处的物理环境、技术环境和文化环境这 3 个维度展开工作，这也就是员工体验的 3 个要素，如图 4-2 所示。

图 4-2　员工体验的 3 个要素

关于员工体验的 3 个要素，有专家认为员工体验等于物理环境、技术环境与文化环境之和。但我们更认为员工体验是这 3 个要素的乘积关系，因为任何一个要素做得不好，都会大幅度拉低员工的体验。

如果把员工体验用数学公式来表达的话，那应该是如下的一个公式：

$$\mathbf{EX} = \boldsymbol{P} \times \boldsymbol{T} \times \boldsymbol{C}$$

物理　技术　文化

环境　环境　环境

员工体验，就是要站在员工的视角看待问题，并注意他们所处的每一个重要阶段。不但要考虑到员工的工作环境，同时也要考虑那些可以提高工作效率的工具和技术，以及优秀的企业文化。

真正以客户为中心的企业，一个明显的特征就是员工满意度非常高。从外部的商业市场来看，卓越的客户体验是企业基业长青的根本，但只有企业内部的员工体验做好了，好的客户体验才会成为可能。因此，良好的员工体验才是企业人力资源管理的使命。

总结成一句话：好的客户体验，从好的员工体验开始。

物理环境

物理环境是指组织中真实的环境，是员工身处在工作场所中能够接触到的所有事物，包括建筑的装饰装修，办公的硬件，食堂、咖啡吧、健身房、医疗室、通勤班车等便利设施，以及一起工作的同事等。

据调查，办公环境的改善能够将员工的工作满意度提升 25%。过去的十多年中，办公室发生了巨大的变化，成为依赖于人类互动、创造力和联系的场所，并得到更多的技术支持。很多企业对物理环境都非常重视，通过诸如个性化的办公区域、拆除墙壁、透明会议间、个性化工作设备、丰盛的食堂、健全的娱乐设施等来打造和提升员工体验。

全球领先的办公家具品牌 Steelcase 曾发布过一篇非常值得关注的报告——《敬业度与全球办公场所状况》。报告显示，员工对办公环境的满意度与员工对工作的敬业度成正相关。也就是说，在其他情况相同的情况下，公司提供给员工的办公环境越好，员工的敬业度越高；公司提供给员工的办公环境越差，员工的敬业度越低。

技术环境

技术环境是指员工用来完成工作的系统和工具，这其中包括操作的智能化系统、应用软件、内部社交网络、数字化学习工具、移动工作设备等。按企业传统的理解，技术工具的应用是为了满足业务工作的需求，但如今可能需要更加关注员工的需求，比如易用性、效率、人性化交互等。

人力资源数字化已经成为全球人力资源技术发展的趋势，比如社交协同、可穿戴设备和虚拟现实等，可以帮助员工更有效率地工作。随着现代消费理念的诞生，人力资源管理迈入了个人定制化的时代，而技术的运用能够不断帮助人力资源更为容易地实现这些员工体验。

比如思科，从 20 世纪 90 年代就开始设计公司内部 IT 架构，支持任何地点的远程移动办公，逐步部署 Salesforce、WebEx、IP 电话、手机、WiFi 设备给每位员工，员工报销及基本 HR 业务均有远程支持。在思科看来，移动办公除了能提升员工生产效率，更重要的是可以提升公司运营效率。

文化环境

文化环境就是指企业文化，是员工对组织的感受，不能仅限于让员工的工作变得更愉快和有趣，而是要提升到企业战略高度，为符合企业文化的员工设计与众不同的工作体验。

顶尖的人才愿意为契合自己价值观并能赋予自己意义的公司工作，独特的企业文化能够吸引他们，这对他们来说本来就是独特的体验。调查显示，硅谷高科技公司打造的独特文化就是它们成功的秘诀之一。

员工的体验，从企业文化来说，应该包括组织的愿景、使命、价值观，以及组织的重新设计、组织透明度、规范制度建设、组织反馈机制、工作氛围等。一流的人才，他们只愿意为符合自己价值观，以及更能让自己实现价值的企业工作，因此，员工体验已经不只是 HR 部门的责任，还要纳入整个企业的文化建设和组织、流程、考核的系统设计。

未来的管理，视员工为客户

如何定义员工？从管理成为一门学科起，学者和专家们运用了各种概括和比喻来解释企业作为雇主与员工之间的复杂关系。

今天的员工，不再只是人手、成本或工人，他们是助手、资产和思想者，他们不是工业机器上的齿轮，他们是客户价值链上的关键环节。

传统的企业里，员工更多地依赖组织，只有那些谨守流程、不做任何创新、不犯任何错误的人才有生存空间。在互联网时代，每个人都可以通过搜索、使用自己想要获取的知识与资源，使个人的专业能力得到极大提升。员工的个体价值变得越来越突出，有了很大的机会来表现个人的能力，展现自己的价值创造力。

“雇佣”时代正在远去，“合伙”时代正在来临。越来越多的人不希望陷入一种传统的雇佣关系中，一方面是因为雇佣关系本身伤害了创造力的发挥，另一方面是技术的发展带来了更多的机会和挑战。

现在，员工的流动性、教育程度和技术水平都更高了，且比以往更注重短期目标，在面对自己所在组织的品牌、文化、薪酬、福利和职业发展等时，更加理性和精明。与此同时，员工就业选择范围变大，让进入企业任职变成了市场行为，而员工变成了企业的“消费者”。

面对员工成为“消费者”的现实，很多企业开始采用市场营销理论来增进对其当前和潜在人才的了解，并加强与员工的联系。从某种意义上说，雇主与员工之间的交易相当于企业与外部客户之间进行的独立交易，因此以客户为中心的实践能够发挥重要的作用。

尤其是随着企业人员全球化和多元化的趋势日益明显，用单一的方法来应对所有员工，效率越来越低下。运用科技和大数据技术，像服务客户一样关注和满足多元化员工中不同群体的需求，正成为很多企业人力资源部门的日常工作。

把员工视为客户

客户这个称谓，更多的是针对销售人员而言的。作为企业的人力资源管理者，视员工为客户，倒是少见。在现实职场中，更多的 HR 是将员工视为下属、累赘，甚至是问题的发起者和麻烦的制造者，很多时候避之唯恐不及。

其实，人力资源管理工作的对象是人，服务的对象也是人。从服务的角度来说，HR 与员工就是服务与被服务的关系，员工也就等同于 HR 的客户。当你把员工视为客户去努力服务好，并将心比心地来管理，你会发现员工的归属感和敬业度都将有极大的提高。

优秀的企业都把员工视为客户，会像对待客户那样对待自己的员工，仿佛员工就是自己的衣食父母。所有的数据和实际经验也都表明，这样的举措能为企业带来更为耀眼的财务增长。

现在越来越多的企业开始谈论雇主品牌，为什么呢？是因为在当今这个变化非常快的世界，雇主品牌越来越重要。

所谓雇主品牌，简单来说就是你作为雇主，你的员工是怎样看待你的。优秀的雇主品牌不但能留住企业的关键员工，还会吸引同行业的优秀人才，帮助企业形成竞争优势。优秀的雇主形象和优秀的产品品牌形象一样，也可以给你的企业带来无穷的价值，影响员工的忠诚度和工作满意度。

比如强生公司就在全球推出全新雇主品牌，其核心理念为“健康未来，因你而来”，旨在通过引领创新前沿、激发无限潜能、共创健康未来三大方面的要素，进一步吸引、招募和发展优秀人才，共同为人类健康事业的发展做出贡献。

从员工视角出发

很多企业都试图提升员工体验，但却总做得不尽如人意。员工体验，实际上是一个组织如何确保员工的日常工作和生活与企业所承诺的保持一致，也就是承诺兑现的问题。比如，管理者对员工是否做到言行一致，是否做到了企业宣传册和海报上的承诺。

和产品、服务和品牌体验要洞察客户需求、从客户视角出发一样，员工体验也要从员工视角出发。企业需要在员工身上投入更多的时间，并进行换位思考，站在员工的角度去考虑需求问题，真诚地关怀员工，并且承诺了就要兑现。

1. 了解员工的需求

改变糟糕的员工体验，其前提是了解员工的需求。有人可能认为最有效的方法就是直接问员工他们想要什么，其实不然，员工的回答往往言不由衷，这和对客户的洞察是相似的。

2. 着眼于个人

员工体验是所有互动的总和，因此需要从员工入职起，一直到他们离开时，呈现一种整体的员工体验。

3. 个性化员工体验

人力资源不能只有一项政策，并认为它已涵盖所有员工体验。一个标准并不适用于所有的员工，不能用相同的方法管理每个人，如果希望吸引和留住人才，为每个人定制不同的员工体验是最重要的。

4. 让所有部门都对员工体验负责

员工体验肯定不是做做样子，它必须能被切实感受到。员工体验不能仅仅是人力资源部门的责任，所有部门和管理人员都必须负起责任来，确保企业的整体愿景在任何地方都保持一致。

绘制员工体验地图

在体验经济时代，赢得客户的美好体验已成为企业提升市场竞争力的重要武器，而客户体验的重要载体就来自员工。

我们说，客户体验是一个旅程。同样，员工体验也是一个旅程，因此员工体验应注重“员工导向”“全局视角”和“持续发展”三个要素，这样才能更好地打造具有竞争力的美好工作体验。

员工体验可以运用客户体验管理的方式，把员工视为客户，从企业的每个流程、每个环节与员工的体验接触点进行分析，从中甄选和定义出关键点和优先改善方向，然后将资源集中投放在这些员工关注和重视的范畴。比如面试的管理、新人入职的融入、员工的成长和发展、差异化的绩效、离职的情感关怀等。

员工体验地图就是一个很好的方法，类似于客户体验地图，员工体验地图可以帮助识别员工体验的关键时刻，从而创造差异化的优势。员工体验地图以员工为中心，全面覆盖员工从求职、入职、在职、离职各个阶段的体验接触点，用体验地图的形式来讲述员工从应聘候选人到新员工，到在职员工，再到离职员工的整个企业员工体验之旅，如图 4-3 所示。

例如，安利（中国）就成立了员工体验地图跨职能项目组，由十余位员工担任“体验策划师”，借助客户体验研究工具，通过场景化的调研和访谈，邀请了上千位员工作为“真实用户”亲身参与和打造独特的安利体验关键时刻。这些员工不仅包括新员工、老员工，还包括离职员工。

在安利看来，员工体验能对客户体验起到直接的关联和促进作用，因此安利着力提升员工在每一个工作环节的体验，营造活力文化，打造敏锐组织。安利的目的就是希望从员工的角度出发，为员工创造美好的工作体验，激发员工的认同感、参与感和归属感，帮助员工与企业共同成长。

	应聘者	入职	绩效	员工成长		离职	返岗
目标	找工作	了解企业、任务和目标	完成目标、贡献、得到奖励	学习、成长、实现自身的职业发展		离开企业	返聘或离职后再回来
员工体验	提交简历	欢迎问候	考核管理	学习	管理教练	离职手续	返聘
	录取/拒用	薪酬/福利介绍	奖励	发展	支持	解除劳动关系	重回企业
	面试	岗位培训	同事关系	成长规划		辞职书	

图 4-3　员工体验旅程示意图

资料来源：领励 LinLead

当然，员工体验并非是一劳永逸的，需要持续更新和迭代，使体验与员工诉求变化、公司战略发展、体验持续改善等相匹配，为员工创造与时俱进的职业成功机会，才能持续吸引和留住人才，同时保持企业的竞争优势和稳健发展。

未来的管理会变成什么样子，限于时代的瓶颈我们无法定义。但可以肯定的是，管理的本质是不会变的，那就是更好地激发创新，更好地提高效率，更好地创造价值。因此，把员工视为客户，打造卓越的员工体验，是驱动企业绩效增长的一个关键因素。

KPI 与 OKR，从控制到激励

企业一谈管理，就不得不说绩效评估。对于任何一个企业和管理者来说，绩效评估都不是一件容易的事情，如何根据团队的需要制订适当的行为规范，直接关乎未来的成败。

关于绩效评估，有很多的方法，比如 KPI、MBO（目标管理法）、平衡记分卡、360 度考核等。但应用得最广泛的，是基于 KPI 来设计员工的绩效评估。近年来有互联网公司提出 OKR 的实践，得到了很多企业的追捧。

KPI

所谓 KPI，英文为 Key Performance Indicator，即关键绩效指标。

KPI 是把企业的战略目标层层分解，产生可操作的具体量化指标，用来衡量组织成员的工作绩效，是对员工任务完成效果最直接和客观的衡量依据。

KPI 的指标主要来源于两个方面，一是企业的战略目标，二是部门和岗位的职责。KPI 的主要目的是引导在职者将主要精力集中在对职位贡献最有成效的职责上去，并及时采取提高绩效水平的改进措施，因此它是最能影响企业价值创造的关键驱动因素。

经济学家帕累托提出的二八原理在绩效评估中同样适用，企业在价值创造过程中，每个部门和每位员工的 80%的工作任务是由 20%的关键行为完成的。因此考核工作的主要精力要放在关键的指标和关键的过程上，抓住了 20%的关键指标，就抓住了考核的主体。

通常，部门给员工订立工作目标的依据来自部门的 KPI，部门的 KPI 来自上级部门的 KPI，上级部门的 KPI 来自企业级 KPI，这样就保证了每个成员都是按照企业要求的方向去努力的。

善于使用 KPI 进行绩效考核，将有助于企业组织结构集成化，提高企业的效率，精简不必要的机构、不必要的流程和不必要的系统。

OKR

所谓 OKR，英文为 Objectives and Key Results，即目标与关键成果。

OKR 是一种目标管理方法，是一种能够让企业更好地聚焦战略目标，更好地集中配置资源，使团队紧密协作的管理方法。OKR 由英特尔公司率先制订，并推广到谷歌、领英等 IT、游戏、创意、风险投资等以项目为主要经营单位的企业。中国近年来开始有企业实践 OKR，应用的公司如中国移动、万科、永辉超市等，但更多的还是像知乎、豌豆荚等互联网企业在应用。

关于 OKR，有以下这些核心理念：

- 目标是要可量化的；
- 目标是要有挑战性的，一般来说，1 为总分的评分，达到 0.6～0.7 是比较不错的了；
- 每个人的 OKR 在企业内都是公开透明的；
- 考核结果和薪酬奖金没关系。

在 OKR 中，O 和 KR 是不同的，O 是目标，需要有挑战性，而 KR 是支持目标完成的关键成果，需要明显可量化，便于评分。

和 KPI 不同的是，OKR 解决的是企业目标聚焦的问题，驱动员工目标与组织目标对齐，最后再化目标为行动。

员工体验在于激励

无论是 KPI 还是 OKR，都是把企业战略转化为内部的过程和活动，但为什么KPI为很多人诟病呢？主要是因为KPI是从上到下的分解贯彻，很多企业在具体部门和岗位上无法量化、指标设置不合理，导致评价失真和失效，更坏的是挫伤了员工创新的积极性。

那OKR是不是就是良方了呢？很多倡导OKR的人力资源管理人员对此都兴高采烈，认为通过自下而上的OKR终于能解决KPI的所有弊病了，但也未必。虽然中国现代企业组织管理的时间不长，经验也不够丰富，但大家已经能够明白，没有一种方法是万能的，往往都是多种策略共用，齐头并举。

已经有一些实践了OKR的传统企业，证明了OKR并不适用于他们。目前OKR实践成功的企业，大都是处在快速发展期，信息技术应用水平和员工素质都比较高的企业。

德鲁克说过，管理的本质是激励不是控制。激励是很重要的工作，同时也极具挑战性，如果没有学习和掌握有效的方法，可能费力不讨好，甚至会出现反作用。若想激励员工，就要从工作给员工带来的价值进行系统的思考，才能设计出有效的激励因素。

好的员工体验来自对员工的激励。从KPI到OKR，一个明显的发展趋势是大家都注意到了绩效评估的目的，员工不是机器，在关注企业业绩增长的同时，更要关注员工的持续发展与员工价值的持续提升。

在员工激励方面，永辉超市于2014年开始推行的合伙人制度就是一个有益的尝试。永辉创始人张松轩认为，要想激励一线员工，形成员工激励契合，就必须将企业业绩与个人建立一种“直接关系”。永辉超市的员工激励有三个特点：一是培养“人人都是经营者”的意识；二是对一线员工进行授权管理，充分调动员工的自主性和积极性；三是绩效方案充分考虑一线员工的意见，强调身份认同。另外，永辉超市还通过发放奖金、公开表扬、职业发展等一系列的激励手段让一线员工体验到成功的喜悦，进而产生对其工作意义的积极评价。

员工体验设计：提升员工敬业度

海底捞员工的敬业人所皆知。海底捞员工为何这么敬业？其创始人张勇说过一句话："把人当人看。"

"把人当人看"，首先是满足员工的基本需求。海底捞的员工大多来自农村，因此海底捞尽力为那些离开家乡、离开父母的年轻人提供一个新的"家"，比如新员工入职关爱、高标准的宿舍和员工餐、各种各样解除员工后顾之忧的后勤保障和福利，以及基于贡献和能力的、两倍于同行水平的收入。更为重要的是，海底捞为员工提供了自我成就的舞台，通过内部培养、内部评级和内部晋升制度，以及来自上司和同事的工作支持等，成全了这些年轻人的梦想，帮助他们用双手改变命运。

员工敬业度

每个企业都希望留住人才，培养员工，建立强大、持久的团队。但是在实际工作中，你会发现，更多时候你都在面对和处理那些不敬业的员工，他们的消极态度和令人不悦的行为举止会渗透到团队其他成员的情绪中，直接导致生产率的下降、任务期限的延迟、团队士气的低落，以及产生员工之间的怨恨。更糟糕的是，这些不敬业的员工，当他们空闲下来，可能的风险就是他们会积极地寻找另一份工作。

很明显，敬业度在员工管理中起着不容小视的作用，提升员工敬业度，不单单能够提升团队的稳定性，同时能够显著地提升员工的贡献度和团队的贡献度，进而提升企业的整体竞争优势，直接关系到企业的存续和发展。

很多时候，员工敬业度常常被理解为员工幸福度或满意度，但它们实际上差别非常大。

员工敬业度是员工对组织或企业的情感承诺，而这份承诺的坚固程度，主要取决于员工个人的目标和价值观与组织的目标和价值观是否一致。当员工全身心投入工作时，他们往往不是为了钱，而是因为在乎，他们发自内心地希望看到组织取得成功，并且不遗余力地做好本职工作。

敬业的员工，他们理解企业的目标，能在工作中找到乐趣，从而带来更多的创新思维和生产力。在这样的背景下，员工更有可能为客户提供良好的服务，这也就是所谓的敬业——利润链，利润来自客户忠诚度，客户忠诚度来自客户满意度，客户满意度来自员工敬业度。

敬业度的关键是员工体验

渣打银行发现，那些员工敬业度较高的分支机构，比员工敬业度较低的分支机构多盈利 16%。而一项由 64 个组织参与的调研结果显示，高敬业度的组织每年的净收入是低敬业度组织的两倍。

Officevibe 是专业的员工敬业度软件服务公司，他们建立了一个模型，通过 10 个要素对员工敬业度进行评估打分。

（1）**认可**。缺乏认可是员工离职的首要原因。那些有着敬业员工和强大企业文化的公司，员工离职率明显较低。

（2）**快乐**。关注员工在工作和生活中是否快乐十分重要。有数据显示，快乐的员工比普通员工多产生 12%的工作效率。

（3）**个人成长**。员工普遍希望在工作和生活中得到成长。人类都有获得自主权、控制力和目的性的真实动机。

（4）**满意度**。提供给员工满意的工作环境，让员工享受他们的工作场所。此外，还要了解员工是否满意他们目前的薪资和福利待遇。

（5）**健康**。健康的员工生病少，工作效率高。良好的饮食、睡眠和规律的锻炼，会给员工带来充沛的精力和更高的工作效率。

（6）**大使**。员工愿意推荐他们的公司作为最佳工作场所吗？员工“大使”可以带来更好的招聘效果，同时加强企业文化。

（7）**与管理者的关系**。与管理者建立良好的关系将使员工工作得更加快乐轻松，俗语讲：“员工离职不是因为工作，而是因为老板。”

（8）**与同事的关系**。让员工感觉到是团队的一分子，能对员工的敬业度和积极性产生巨大影响。提高员工之间的沟通频率很重要。

（9）**公司定位**。了解员工对于公司使命、核心价值和方向的看法至关重要，这有助于提升员工敬业度，明确员工为何留下来。

（10）**反馈**。员工渴望在工作中得到有建设性的反馈意见，而管理者常常出于担心激怒员工或脱离员工不能及时进行反馈。

可以发现，员工敬业度的关键要素是员工的体验。要有效地提升员工敬业度水平，就需要主动设计和管理员工的体验，进而提升他们在工作中的投入度。

在同类型企业中，思科的员工敬业度一直是比较高的。思科员工敬业度较高的背后，其实是对员工体验的高度重视。来自卓越职场研究所调研的一些有趣的数据显示，思科员工可能是世界上最幸福的员工，比如 93%的思科受访员工认为思科是全球最佳工作场所；91%的员工表示他/她们享受工作；员工们认为无论是从薪资、上级的公平对待和认可方面，思科最好地体现了公开公平的文化；超过 95%的思科员工表示他/她们会自豪地告诉别人自己在思科工作，并为能够兼顾家庭生活而备受激励。

当你把员工体验放在首位，你就离成功不远了。有意义的工作，优秀的管理层，良好的环境，成长的机会，以及对管理者的信任，这些都能显著提升员工的敬业度。

成为员工体验设计者

满足员工需求，提升员工敬业度，这是每个企业都在努力追求的。在行为学家弗雷德里克·赫茨伯格的双因素理论中，他提出有两类因素会影响员工的工作情感，分别是激励因素和保健因素。其中，激励因素包括工作本身、认可、成就和责任，保健因素包括政策和管理、技术监督、薪水、工作条件及人际关系等。

基于双因素理论，我们把员工的体验分为 3 个层次，如图 4-4 所示。

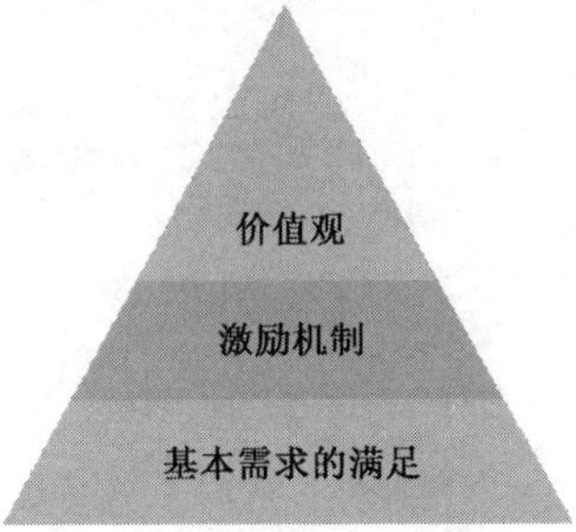

图 4-4　员工体验的 3 个层次

最基础的层面是员工基本需求的满足，包括薪水、福利、工作场所、技术、工具、制度规范等；第二个层面是激励机制，包括职业发展、个人成长、额外福利等；第三个层面是价值观，这个价值观是企业和员工的价值取向，是能感受并能考核的。

员工体验是敬业度的基础，因此要提升员工敬业度，就需要打造积极的员工体验。打造员工体验是一项战略计划，其目的远不止于让工作变得更有趣和愉快，而是为符合组织文化和期望的员工设计与众不同的工作体验。

员工体验设计不只是提供一个漂亮的工作环境，更重要的是对组织的重新设计，使员工处于中心位置。换句话说，与其试图强迫人们适应过时的工作方式，不如企业重新设计他们的工作实践，以适应他们的员工。

要实现卓越的员工体验，人力资源就需要进行新的角色定义，将人力资源部门从“流程的制订者”转变为“体验产品的设计师”，人力资源部门需要重新思考如何将工作环境、员工互动方式、工作方式和选用、预留的流程设计成一个个带给员工良好体验的“产品”。

提升员工体验的步骤

提升员工体验和提升客户体验，其原理是相似的。企业可以分 5 个步骤来提升员工体验，这 5 个步骤分别是：了解员工、培养员工、激励员工、让员工参与和奖励员工。

1. 了解员工

这是设计最开始的一步，也是最关键的一步。除了思考你希望员工获得的感受，最重要的是理解员工的需求，这是你需要去直面的问题。

员工调查并不新鲜，传统意义的调查只关注员工的看法，这显然不够。可以把针对客户的调研工具运用到员工调查上，不仅了解员工的年龄、个性、价值观、生活方式、业绩表现，还要对员工的职业发展阶段、任职能力、晋升空间、岗位轮换等了如指掌。

2. 培养员工

对大部分员工来说，最重要的就是职业发展和知识储备。成长从企业高层开始，领导者必须身体力行、以身作则，通过内训、外培等各种方式建立学习型的企业文化。

3. 激励员工

激励是敬业驱动因素中最为神奇的部分，它可以使员工心甘情愿地付出努力，而不考虑工作是否值得自己去做。

4. 让员工参与

如果员工主动参与上级下发的任务，而不是简单地服从命令，那么他们就会付出积极的努力。要想让员工真正地参与其中，就需要让员工知晓工作的目的、相关的运作流程和遇到的挑战，尊重员工，给员工自由行动的权利，并为团队合作创造机会。

5. 奖励员工

奖励也包括领导的赞赏与认可，往往这种认可是激发员工敬业精神的最重要途径。但是，工资和福利也不应该被忽视，比如年终奖金、弹性工作时间、股票和股票期权等。

如何管理员工的企业生命周期

为员工提供积极的体验，其实并不复杂。企业只需要把客户体验设计的原则应用到员工体验设计上，就会取得很好的效果。而这些方法，营销和运营管理的团队早就使用得很娴熟了。

和客户生命周期一样，我们也可以通过描绘出员工的企业生命周期图表，找到其中的关键时刻，并进行重新设计，从而为员工提供更好的体验。但要注意的是，不是所有的员工都想要相同的发展机会、奖励和工作安排，员工的体验设计应该基于不同员工的需求和欲望来进行。

员工生命周期

员工生命周期（Employee Life Cycle，ELC），是由员工与企业关系中参与的所有步骤或流程组成的，按时间顺序排列，包含了员工首次与企业产生联系到最后一次互动所进行的步骤，如图 4-5 所示。

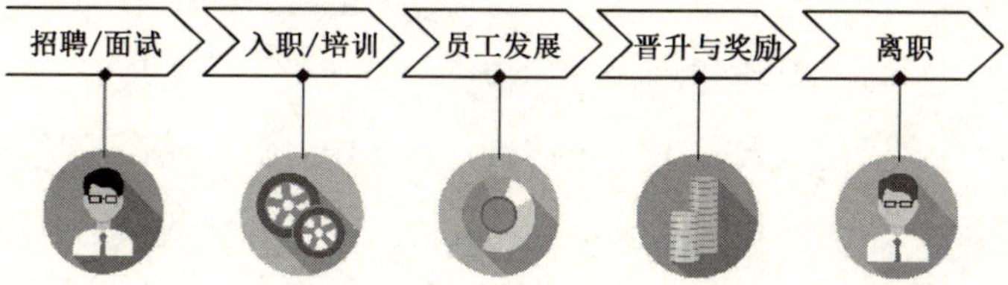

图 4-5 员工生命周期（ELC）

显然，员工生命周期是对于一个企业而言的，从员工入职、在岗到离职的整个阶段，分别对应的员工在公司的引入期、发展期、成熟期、衰退期（或持续发展期）和离职。

1. 招聘/面试

员工体验并不只是针对在岗员工而言的，从招聘、从员工成为应聘者就开始了。应聘者体验的好坏，直接影响企业的雇主品牌和招聘管理工作营销的成效，因此必须关注到招聘和面试工作中的所有环节。

作为企业的人力资源管理者，应该努力营造一个良好的环境，让应聘者一来就不想走，努力想进入你的企业。比如招聘信息的发布，目标求职者是否对它感兴趣，渠道和有效性如何；当有一些求职者投递简历进入系统，是否认真对待，及时通过邮件或短信与他们联系等。

在进入面试环节后，面试安排、面试等待、面试进行、面试后期等所有流程的体验，是否让应聘者感觉愉悦。比如安排面试时是否准确告知岗位信息、面试时间、地点、如何前来（地图定位）；面试等待中是否有人引领，递送饮料或茶水，以及提供公司宣传资料供浏览等。

2. 入职/培训

员工初入公司，整个人都是懵的。好的新员工管理流程，不仅包括员工的加入与手续的办理，更是能让新员工全身心地投入新公司，真正体会到自己是新公司的一员。

对于新员工，入职前需要进行流程设计，把所有的细节都考虑到位，提高工作效率，这样才能让新员工体验感更好，给新员工留下良好的第一印象。比如在华为的《新员工入职 180 天培训计划》中，第一阶段就是通过聚餐介绍部门里的每一个人互相认识。小米的实习生入职和正式员工入职是一套流程，先是在会议室拿入职材料，小米的 HR 简单介绍小米的制度、福利、常用平台等。入职之后还会有一个新人培训，主要分享小米的文化、价值观，以及小米星辰大海的使命等。

针对员工培训，浪潮有自己的企业大学，建立了完善的培养体系。浪潮为毕业一年以内的新员工提供双导师制，即职业发展导师与工作导师，引导和帮助新员工平稳度过迷惘期和不稳定期。

3. 员工发展

科技的迅速发展和市场竞争的不断加剧，使得企业对员工自身，以及对员工的主动性、创造性越来越依赖。与此同时，科技的发展又带来了员工文化素质的提高，员工自我意识和自身权利的要求不断加强。

员工是企业价值的缔造者，要吸引和留住优秀的人才，就需要做好员工的职业发展管理，建立良好的职业发展体系，为员工提供必要的继续教育、培训、轮岗等发展机会，促进员工职业生涯目标的实现。

从企业层面理解，员工职业发展有这些内容：

- 拥有一项新技能；
- 提高了目前的工作成效；
- 在水平层面的工作轮换；
- 在不同岗位上的轮换；
- 增加/减少/改变的职责；
- 提升。

环境体验再好的公司，如果不能让员工取得职业生涯上的成功，也是不能长久的。在员工发展中，企业需要建立目标和职业发展计划，与员工沟通企业的政策与流程，为员工提供一系列的职业发展选择，鼓励和支持员工的职业发展。

4. 晋升与奖励

设立员工晋升制度或者员工奖励制度，无非就是为了提升员工个人素质和能力，让员工更好地工作，为企业创造出更大的价值。常见的奖励有季度奖、年终奖、销售提成、晋升（级）、绩效奖、优秀员工奖、出国旅游、项目完成奖、免费进修计划、退休金计划等。

晋升与奖励都是对员工的激励。在对员工的激励中，有经济性激励方式和非经济性激励方式两种。一味采用经济性激励方式弊端比较多，容易助长员工见利忘义和享乐主义的心理，但这种方式一旦停止，可能会影响员工的工作情绪和积极性，因此必须把两种方式结合起来，才能真正调动员工的积极性和创造力。

5. 离职

面对去意已决的员工，接下来就是正常的离职清算、工作移交、劳动合同解除、社保减员等常规离职管理流程。除了细致严谨地办理好员工的离职手续，避免以后出现相关的劳动用工纠纷与劳资纠纷，员工离职还有一个很重要的内容，就是离职访谈。

还在职的员工可能因为各种原因，通常不太会坦率、直接地表达他们的感受。而当员工离职时，就为管理者提供了一个了解员工体验的绝佳机会。员工的离职可能是感觉每天工作很劳累，没有得到配称的薪资福利，或是与管理者或同事的关系不佳，没有职业晋升机会，管理者的承诺没有兑现，以及不认同企业的价值观等。在员工离职访谈时得到的这些信息有可能是非常残酷或难以接受的，但它们非常真实，表明企业的体验改善和优化还有很大的空间。

做离职访谈的对象不只是将要离职的员工，还包括那些离职很久或早已退休的企业员工。

员工价值主张

如今，在员工的企业生命周期管理中，越来越多的企业开始注重员工价值主张的实施。

员工价值主张（Employee Value Proposition，EVP），是从客户价值主张引申出来的一个概念。在客户价值主张中，探究的是为什么客户购买你的产品或服务而不是你的竞争对手的。同样，员工价值主张探究的是员工为什么会选择到你的企业而不是其他企业工作。

简单来说，员工价值主张就是组织为雇用员工而提供的综合计划。它明确了“付出和得到”，即员工因贡献的劳动付出与绩效而获得的价值。很明显，员工价值主张的范畴远远超过薪酬和福利，它涵盖了雇佣期间组织与员工关注的方方面面，从组织的愿景、使命和核心价值观到工作体验、团队、组织文化氛围，以及职业生涯和发展机遇等。

比如施耐德电气，就在其官网发布了“意义、包容、赋能”的员工价值主张。施耐德承诺：在施耐德电气，员工从事有意义的工作；员工在具有包容性的环境中工作；员工享有高度的赋能。

在传统人力资源的观念中，吸引和留住人才的要素是成长机会和薪酬，优秀的领导者排在第三位。而最新的调查显示，令员工满意而留职的要素中，优秀的领导者排在第一位，第二位是企业的荣誉感，第三位是合作的团队。要提供更好的选择途径、更多的职业发展规划，以及确定的留才目标和计划，才能留住那些有天赋的人才。

值得注意的是，关于员工价值主张，在员工“选择新企业”和“留任企业”时是不一样的。

1. 选择新企业时

员工在选择一个新的企业和工作机会时，他们关注的是：

- 薪资水平；
- 未来的职业机会；
- 工作与生活的平衡；
- 稳定性；
- 发展机会；
- 受尊敬度。

2. 选择留任企业时

而他们在考虑是否留任现有企业时，他们关注的是：

- 工作与兴趣的匹配度；
- 主管领导的质量；
- 同事的质量；
- 人员的管理；
- 受尊敬度。

可以看出，员工入职前与入职后的心理取向是不一样的。因此，在员工生命周期的管理中，你应该更多地关注员工选择留任企业时的价值主张。

让员工成为你的品牌形象大使

当我们说到航空公司时，会想到青春靓丽的空中小姐；当我们说到酒店时，会想到微笑有礼的门童迎宾。如果说他们的形象成了一个行业的标志，那么像海底捞员工用热情和周到演绎的故事，胖东来员工用纯朴和主动缔造的传奇，则成了这些企业的品牌。

我们说，品牌即体验。在客户眼中，员工就是企业品牌的主体，代表着企业的品牌形象。员工通过其服务使企业的品牌由无形到有形，从抽象到具体。员工的行为举止成为客户理解企业品牌、判断企业实现承诺的态度和能力的重要依据。

员工就是你的品牌

Facebook 创始人扎克伯格在其自传中写道："员工就是你的品牌，每一个员工都是你公司品牌的面子、最佳品牌大使、最好的市场营销员。"

很多企业都已经开始认识到，员工才是最佳的品牌大使和企业形象代言人。这些"大使"不仅在企业的宣传片或短视频中露脸，更重要的是，他们是产品的开发者，服务的提供者，也是社交媒体的传道者。

尤其在今天更加透明和更加注重社交参与的社会环境里，微信、微博、抖音等社交媒体的繁荣，员工职业社交的价值愈发凸显。事实上，很多员工都已经是企业的品牌大使了，他们在领英个人档案中列出工作的经历，在朋友圈发工作日常，晒各种企业的福利。

鼓励员工在社交媒体发声

社交媒体的不断发展壮大，已经成为营销中的重要力量。研究表明，员工在自己社交圈里的意见比他们在专业场合的言论更有可信度。在社交媒体圈，员工才是最好的形象代言人。鼓励员工分享，深度挖掘即时通信软件和社交视频内容分享，是每个企业都应该迫切关注的课题。

尽管每个企业都希望自己的员工，尤其是年轻员工，能在社交媒体上关注自己品牌的官方账号，转发有关品牌的链接，推荐自家产品，向求职者推荐自己的公司，但还是经常出现员工们对此并不积极的现象。身为员工却不是企业品牌和产品的粉丝或支持者，这会给该员工社交圈里的人传达模糊的信息，让企业失去发展潜在客户的机会。

1.“品牌大使”培训计划

并不是每个员工都是社交媒体达人，不过这没关系，企业可以为员工提供培训，帮助他们更自由、更放心地使用社交媒体。

2. 将焦点放在员工身上

与其分享一些官方的季度报等新闻稿里常见的内容，不如考虑让员工分享一些与工作场所相关的内容，如活动或是招聘信息。如果分享的内容是有温度有人情味的，就容易引起受众的共鸣。

3. 内容一定要简单化

管理者需要主动向员工们提供信息，让他们去分享。切记内容一定要简单化，这样员工们既节省时间，又拥有了二次创作的小小空间。企业还可以建立内容库，为员工积极推广品牌提供方便。

4. 注重企业的社会责任

如果您的员工可以在工作时间参与志愿者项目，或者参与公司组织的慈善捐款或义务献血等活动，这些内容往往能在社交媒体上有不错的反响。您可以分享一些您公司参与社区活动的内容，并鼓励员工积极参与。

5. 奖励为企业发声的员工

最有效的奖励手段并不是金钱，它们往往很简单却容易被忽视，这包括倾听员工的反馈意见、关注员工的建议，以及祝贺员工取得的成就。

6. 宽容的社交媒体氛围

没人愿意被人窥视。如果员工在社交媒体上分享了一些不太合适的东西，而被管理者抓个正着，他们心里作何感受？作为管理者，需要对员工使用社交媒体表现出宽容和鼓励，在企业内部营造一种融入社交媒体的氛围。

学会向一线员工授权

要让员工成为你的形象代言人，对员工进行有效的授权就很重要。尤其是对那些在一线面对客户的员工，他们应该可以直接呼唤“炮火”。

2006 年的苏丹首都喀土穆，温度至少 60 度以上，热浪滚滚，在一个会议室里，一群男人杀红了眼，他们在思考，为什么我们会输得这么惨？

当时的背景是苏丹电信邀请华为和另外一个供应商参加移动通信网络的招投标，在只有一个竞争对手的情况下，华为被彻底排斥在外。整个团队完全没有反应过来，这是对华为巨大的打击，在喀土穆的热浪中，来自客户线、产品线、交付线的所有团队都在思考，他们看到了这样的问题：客户经理在前端掌握的信息没有办法很快传递到后端，客户的叮嘱往往快速地被衰减。而竞争对手能够把握住客户的需求，给客户提供更高价值、更低成本的产品。

于是，华为创始人任正非喊出了“让一线直接呼唤炮火”的口号。不是由拥有资源的人来指挥战争、拥兵自重，谁来呼唤炮火？应该让听得见炮声的人来做决策。2009 年，华为获得了苏丹运营商的全国 G 网最大的项目，在客户的掌声中，这个团队哭了。

对一线员工授权会对其产生积极的影响，企业要学会找到一种方式，将责任下放到所有层级的所有工作团队，这样每个人便都会以主人翁的姿态去完成自己的工作。

同时，管理者还要鼓励员工在工作中展示真实的自我，即使他们的行事风格与你完全不同。对于新世代的员工来说，上级的信任与放手会让他们更敢于尝试，也更愿意担负责任。

CXO

第5章

CXO 必修课四：品牌体验

2002 年，时年 74 岁的褚时健老人保外就医后，与 70 岁的妻子马静芬在云南玉溪的哀牢山承包了 2400 亩荒山，种起了冰糖橙。而在这之前，他从不知道橙子怎么种。

第二年，万科创始人王石专程开车去哀牢山的甜橙园看望褚时健，王石看到这个昔日的“烟草大王”穿着汗衫，和农民为修水渠 80 元的价格讨价还价，在微博上感叹：“橙子挂果要 6 年，他那时已经 75 岁了。你想象一下，一个 75 岁的老人，戴一个大墨镜，穿着破圆领衫，兴致勃勃地跟我谈论橙子挂果是什么情景。”

2008 年，第一批橙子开始上市。褚时健给自己精心培育的冰糖橙品牌起名为“云冠”，寓意为云南的冠军之橙，并注册了商标。

应该说，云冠橙的质量确实对得起这个名字。然而，云南的冰糖橙品牌繁多，市场竞争激烈，在过往的行人眼里，这一对老夫妻的橙子与其他摊贩的毫无区别。云冠橙刚上市时，由于价格是普通橙子的三倍，根本卖不出去，几乎全国滞销，仅靠着“微商式”的亲朋好友帮衬才卖出去了一部分，更多的还要靠着人际关系，通过人脉把橙子卖出，当福利发放。

后来，马静芬老人想出一个主意，提议打“褚时健种的冰糖橙”的横幅，褚时健不同意，马静芬却坚持。结果横幅在各个销售点一出，橙子很快销售一空。当年我们在昆明的茭菱路上买橙子，很多摊贩直接给橙子贴着“褚橙”字样的标签，告诉我们说这是玉溪的冰糖橙，是褚时健种的，很甜。前来购买的人络绎不绝。

褚橙的名字很快就被叫开了，云冠橙反而被渐渐淡化。2012 年，在电商平台本来生活网的介入下，褚时健放弃了云冠品牌，将其重新设计，定义为褚橙。随后，褚橙启动了“褚橙进京”等一系列的社会化营销，打开了全国销路，成为当时最火爆的水果，产品供不应求。

我们来看看当时本来生活网为褚橙做的品牌塑造。

- 品牌定位：褚时健种的冰糖橙；
- 广告语：人生总有起伏，精神终可传承；
- 褚橙卖点：励志橙；
- 文案：85 年跌宕人生，75 岁再次创业，耕耘十载，结出 2400 亩累累硕果和 24:1 的甜酸比，逆袭的喜悦，是中国人欣赏的甜。

看到这些文字，人们很容易被打动。事实也是如此，一时间，人人转发、分享、热议。王石等企业家自发回忆褚老的故事，韩寒等意见领袖和偶像明星也宣传褚橙的故事，许多社会精英纷纷发表吃橙感言，励志橙的信息席卷各大传统媒体和微博、微信等新媒体。拿网友的话来说，这哪是吃橙，这是品人生。很多人买褚橙并不只是想吃橙子，更是在买褚老的励志概念，买健康的生活理念。

从云冠橙到褚橙，变化的不是一个品牌名称，而是从一个无感的“云冠”标签完美蜕变为一个有体验感的“励志橙”。褚橙成功嫁接了褚时健丰富的人生经历和故事，塑造了一个 75 岁时一无所有的羸弱老人形象，从而找到了和消费者沟通的纽带，敲开了消费者心里的那扇窗户。

品牌的进化，品牌即体验

一组优秀的神经学专家利用一种现代手段——功能性磁共振成像机，对可口可乐和百事可乐分别进行了蒙眼和不蒙眼的测试。利用这台设备，研究人员能够在参与者摄入饮料时对他们的大脑活动进行跟踪。

参与者必须躺在机器上不动，专家们拉了一根很长的细塑料管送到参与者的嘴里，从另一端注入可口可乐或百事可乐。在注入饮料的同时，通过可视方式告诉参与者这是可口可乐，或者这是百事可乐，或者是某种不知名的饮料，然后分别观察他们大脑的活动状况。结果怎么样？他们发现，是否告诉参与者饮料的名称，会造成他们不一样的大脑活动。

实验过程是这样的：每当参与者喝到一口饮料时，与情绪中的强烈感受相关联的大脑正中前额叶皮层（VMPFC）就被激活。但是如果参与者知道他喝的是可口可乐，就会发生另外的变化，这时大脑的前额叶皮层的背外侧部分（DLPFC）一片与人类大脑高级功能（如工作记忆、联想高级认知及概念）有关的区域也被激活。测试百事可乐时也有这种情况，但测可口可乐时更明显（自然地，那些更偏爱可口可乐的人反应就更加强烈）。

无疑，这个来自经济学家丹·艾瑞里的畅销书《怪诞行为学》中的实验，从科学的角度证明了品牌的作用。品牌的优势在于，它激活了大脑的高级机制，让大脑额区的多巴胺链可以投射到愉快中心并把它激活，从而增加了使用产品时大脑的愉悦感。

简而言之，就是品牌影响认知，认知影响产品体验和客户体验，最终影响客户的消费行为。

品牌是什么

品牌的英文单词是 Brand。关于 Brand 一词的起源，有三种说法：一是起源于古德语，意为火漆，代表贵族的家族徽章，用以区别彰显身份；二是起源于古法语，意为白兰地 brandy，用以区分产地和生产白兰地的庄园；三是起源于古英语，意为烙铁，用于牲口交易时烙在牲口的屁股上，用以标记财产所有权，从而与他人财产区别开来。

这差不多代表了品牌的三大作用，用以增强识别生产者（产地）、品质信用背书，以及创造产品的溢价。

进入 20 世纪，随着社会经济的发展和人们生活水平的提高，以及需求的多元化，品牌被注入了新的内容和含义，品牌形象、品牌个性、品牌关系、品牌资产、品牌营销等理论日渐丰富，品牌化的范围也不断扩展。

关于品牌的定义，从品牌资产的角度来说，品牌是给拥有者带来溢价、产生增值的一种无形的资产。它的载体是用以和其他竞争者的产品或劳务相区分的名称、术语、象征、记号或者设计及其组合，增值的源泉来自消费者心智中形成的关于其载体的印象。

品牌的构成要素分为显性要素和隐性要素两种。

1. 显性要素

品牌的显性要素，是指品牌外在的、具象的东西，可以直接给消费者感觉上的冲击的要素，包括品牌名称和视觉标准。

- 品牌名称；
- 标识；
- Slogan；
- 标志物；
- 标准字/颜色/版式；
- 标准包装；
- 广告曲；
- 独特的味道等。

2. 隐性要素

品牌的隐性要素，是指品牌内含的因素，不易直接被消费者感知，它存在于品牌的整个形成过程中，是品牌的核心。包括以下 6 个方面的内容。

- 用户：品牌暗示购买或使用产品的消费者类型；

- 属性：产品自身的特性；
- 利益：产品的属性能给消费者带来的好处和收益；
- 价值：是指产品给消费者提供的利益的一种提炼，有功能性价值、情感性价值和自我表达性价值；
- 个性：品牌人格化以后所具有的“人”的个性；
- 文化：是指隐含在品牌中的精神层面的内容。

品牌进化论

如同物种的进化一样，从品牌诞生的那天起，品牌的概念和内涵也在一直不断地变化和演进。现在营销界普遍认同的是，商业品牌已经从品牌识别和品牌价值时代，全面进化到品牌体验时代。

1. 品牌识别时代

宝洁不只是伟大的日化企业，也是现代品牌的开创者。早在 1867 年，宝洁还是一家专门生产蜡烛和肥皂的企业，为了在码头上让自己的货物和其他厂家的区别开来，宝洁率先在包裹货物的帆布上打上一个圆圈和一个五星的标志，没想到打标志后，很快被客商一抢而空。标志效益引发了大家的效仿，他们纷纷在自己的货物上打标志，因为这样有助于销售。

之后有人提出应该在产品上打上独一无二的标志，别人不能模仿，从而更有利于销售和传播。宝洁决定给每个产品取一个名字，以保证产品的独特性。于是，世界上第一个真正的产品品牌——“IVORY”诞生了，宝洁设计了星月标志（月亮上有若干颗星星）打在每一块香皂的包装纸上，这个品牌的香皂在全美市场占有率一度高达 60%以上，星月标志也被誉为世界上第一个真正意义上的商品品牌。之后，美国推出商标条例，很多产品开始拥有自己的注册商标，品牌概念及工作方法开始逐步引入商品世界中。

随着报纸、收音机、电视等媒体的出现，品牌得到了更好的传播，也带动了产品销量的节节攀升。为了让自己特有的视觉符号吸引客户的注意并让客户产生记忆，很多企业开始引入 CI（企业形象识别）、VI（视觉形象识别）及 SI（连锁品牌识别）系统。有些大的企业，单在品牌识别上的花销就高达上亿元。

在品牌 V1.0 的品牌识别阶段，品牌的存在往往依托于标识、产品包装等载体，品牌更多是作为一个标签或商标，用来与其他的企业或者产品区别开，同时向客户宣示自己的品质是有保证的。

2. 品牌价值时代

随着市场竞争越来越激烈，产品也越来越趋于同质化，无论是性能还是功能，都很难评测一个产品和竞品之间的优劣。

于是，品牌被赋予了更多的内涵，差异化是对品牌管理者的基本要求。即便是同一个产品，或是同一件事，企业都在尽可能地从不同角度进行诠释，以实现差异化，比如我是谁、我有什么、我做什么、我提供什么价值等等，这些也可以理解为品牌承诺。

一个品牌必须在客户心中代表什么价值，这个价值就是品牌的核心。价值是独特的、相关的，是客户选择你不选择其他竞品的理由，是融合了功能、情感、精神的高度提炼。企业通过品牌架构、品牌形象、品牌传播、品牌管理等手段进行价值的创造和传递，让客户明确、清晰地识别并记住品牌的利益点与个性，驱动客户信任、认同和喜欢品牌，让品牌实现溢价。广告语、代言人和场景化的营销推广，让品牌价值具有了显著的差异化特征。

品牌价值阶段，品牌价值是品牌管理最核心的部分，也是品牌区别于竞争品牌的重要标志。品牌的功能、质量和价值构成了品牌的客户价值，品牌往往通过整合营销传播来打造品牌的知名度、美誉度和普及度，从而实现企业价值最大化。

3. 品牌体验时代

到了 21 世纪，互联网的快速发展深刻地影响和改变了人们的工作和生活方式。尤其是随着智能手机等移动终端的广泛应用，整个社会开始进入一个数字化的时代，很多行业和领域都因此发生了翻天覆地的变化。

今天我们在谈品牌的时候，实际上是在谈什么呢？

就是体验。无论是产品、服务，还是购买渠道，好与不好的标准就是它的体验是否满足客户的期待，或是超越客户的期待。那些成功和失败的品牌背后，其原因可能简单到只是一句话，客户“有感”或是“无感”，这是品牌体验的外在表现。

客户越来越不关心品牌在说什么，而是更关心品牌在做什么。产品和服务是否兑现了品牌的承诺？购买渠道是否便利？员工是否很好地代表了品牌的形象？这些都是客户看待品牌的态度。品牌是如何行动的，又是如何与客户互动的，直接决定了品牌和客户之间能否产生关系，能否产生共鸣。

企业之间的竞争，已经不再局限于那些单个的环节，不只是产品，也不只是价格，还是从研发、供应链、生产、营销，以及服务等售前、售中和售后的全方位的竞争。单点的价值诉求已经无法满足客户需要，企业已经展开围绕客户的全渠道、全接触点的体验竞争。

品牌体验要求企业必须和客户站在一起，从客户的角度看问题和解决问题，为客户的工作和生活创造与众不同的意义和价值，才能赢得客户的喜欢，愿意购买品牌的产品，以及和品牌一起成长。

进化到今天的品牌体验阶段，品牌已经不限于一个标签和品质保证，也不限于差异化的价值承诺，而是呈现出了更广泛的含义。品牌即体验，众多的体验就是品牌化，品牌未来是各种体验和连接的聚合。

品牌就是体验

品牌是源自实体，并在消费者头脑中安家落户的虚拟体。也就是说，品牌是由企业的产品、服务、传播、渠道终端、人员等所有这些运作在消费者心智空间中的投射，是体验后的感受、认知和理解，是企业及产品给予消费者的情感和想象。

消费者通过自己的所看、所听、所用，结合自身的经验、习惯对企业及产品形成主观上的认知和判断，以及独特的情感和偏好。消费者关于品牌的碎片化记忆和联想，整合起来，就会在内心生成一整套感受，这就是品牌体验。可以说，是体验产生了品牌。

因此，如果你的品牌不能给到客户积极的体验，以及脱离了产品体验和客户体验的纯品牌营销，那就是忽悠。

以旅游目的地来说，品牌的核心是提供良好的旅游体验。但很多地方却把传播列为首要任务，掀起一波又一波的品牌策划、Logo征集等“品牌”运动。毋庸置疑，品牌对于旅游目的地营销来说确实具有重要意义，但在旅游业发展相对成熟、市场竞争比较充分的今天，消费者很难单纯凭一句宣传口号就购买你的产品。对于旅游目的地和旅游产品而言，必须在旅游环境、旅游产品、旅游服务和旅游文化价值等的体验上下功夫，真正建立起消费者对旅游目的地的认知和信任，这样的品牌传播才有意义。

新的体验就是新的品牌

2018年“双十一”，天猫成交额达到2135亿元，再次刷新纪录。在天猫美妆行业品牌TOP10中，百雀羚连续4年成为国产品牌销售冠军。

众所周知，百雀羚是一个拥有86年历史的中国品牌，是国货中的国粹。在过去很多年的时间里，百雀羚曾被认为是“外婆用的化妆品”，还一度因为经营不善而濒临倒闭。而最近这些年，我们惊喜地发现，百雀羚又回来了，以“草本护肤”的品牌理念，匠心打造东方之美的产品，通过走心的广告和社会化的营销，走入了年轻人的世界，刷新了年轻一代对于国货的认知。

研究老品牌百雀羚的重换新颜，是因为其注入了体验的灵魂，从产品体验、客户体验，一直到品牌体验。对于新一代的消费者来说，他们并不是因为百雀羚是国粹而消费，他们消费的，是百雀羚带来的全新的体验。在他们看来，今天的百雀羚是一个新的品牌，已经不是多年前的那个百雀羚了。

什么是品牌体验

品牌体验（Brand Experience，BX），是指消费者在与品牌互动过程中的具体经历和感受。它是消费者被品牌相关刺激所引发的一种主观的内在反应和行为反应，这些刺激包括品牌的设计、包装、沟通和环境等。

品牌体验直接反映了消费者对品牌感知的差异。显而易见的是，如果没有差异化产生，那么品牌的产品和服务仍旧是一般意义上的产品的服务，也就谈不上溢价。

今天的品牌对于消费者呈现了更广泛的含义，两者之间会产生关系，产生共鸣。这也就意味着，真正好的品牌是具有不可替代性的，而这种不可替代正是来自品牌能否在消费者心中制造出独一无二的体验。

品牌表面上是企业产品和服务的标志，代表着一定的质量和功能；深层次上则是人们心理和精神层面诉求的诠释，可以作为一种独特的体验载体。消费者可以通过色彩、声音、气味、接触，以及品牌活动等一系列的“线索”，分层级地体验到品牌，并最终形成对品牌的整体认识。

在激烈的品牌竞争中，品牌体验已经成为消费者感知、识别和认同品牌的第一要素。百事可乐与可口可乐多年来在全球范围内你争我抢，品牌战打得十分激烈，但是“参战”的主角却不是碳酸饮料产品本身，而是比谁请的明星更耀眼，谁做的广告更能吸引眼球，谁的赞助更能激起消费者的好感，谁的文化更加时尚和流行。正如百事可乐公司董事会主席所说：饮料之战没有输赢，真正的“输家”大概是消费者的口袋。

品牌体验是品牌与客户之间的互动过程，新的体验就是新的品牌。当你通过令人耳目一新的产品标识、鲜明的品牌个性、丰富的品牌联想，与你的目标客户进行深度接触，让他们产生个性化的经历和身心愉悦的感受，你也就塑造了一个全新的品牌。优秀的品牌体验帮助客户与你的品牌建立起强有力的连接关系，并带来极强的品牌忠诚度。

品牌体验的 3 个层次

回想一下，我们和身边的朋友、同事及恋人的熟悉过程，除了一见钟情，差不多都是一个从浅及深，从认识、认知到认同的过程。

首先，你要记住这个陌生人的名字、长相。然后，你开始了解他是做什么的，有什么特长，性格如何。逐渐，你和他越来越熟悉，你觉得你们的性格很合得来，三观很对着上，有共同的兴趣喜好，跟你是同一类人。总之他身上的某些地方让你很认同，于是你们就成了朋友、情侣。

认识→认知→认同，这是人与人熟悉的过程，也是消费者体验一个品牌的过程。

首先是记住你的品牌名称、标志、广告语；其次是了解品牌知识，你是干吗的，与同类产品有什么差别；最后是情感和精神上的连接，产生“这是我的品牌”的感觉。

这也就是品牌体验的 3 个层次，从认识、认知到认同，对应的是品牌的符号系统、利益系统和意义系统，如图 5-1 所示。

图 5-1　品牌体验的 3 个层次

资料来源：空手

要打造卓越的品牌体验，让消费者认识你、了解你、并最终认同你，就需要在这品牌的符号系统、利益系统和意义系统上下功夫。

1. 符号系统

为了让消费者更好地记住你的品牌，品牌需要打造一套简单易识别的符号系统，这是品牌的基础。符号系统包括品牌名称、Logo、颜色、图案、包装、吉祥物、产品造型等。要设计好的品牌符号，关键是简化品牌信息并放大核心特征。

2. 利益系统

利益系统是消费者所掌握的关于产品和品牌的知识，包括品类属性、功能利益、品质表现等。站在消费者的角度，品牌的利益系统要回答好两个核心问题：一是跟我有什么关系？二是你跟别人有什么不一样？对企业来说，这两个问题就是品牌的价值主张和品牌的定位。

3. 意义系统

品牌的意义系统，代表品牌与消费者形成的一个具有共通价值信仰和心理模式的共同体，包含身份认同、审美认同、价值观认同、情感认同和精神认同等。意义系统就是要站在消费者的角度，看你的品牌在他们的生活中具备什么意义、扮演什么角色。

当我们买东西时，通常不仅仅是购买一件产品，更是购买一个梦想，让自己变成理想中的自我。那些伟大的品牌，它们表达的不仅仅是产品的卖点和利益，更是说出了消费者的心声，表达了他们心中的所思所想、生活观念、情感和价值观，因此才拥有难以计数的忠诚粉丝。

品牌体验的 4 个维度

如何为品牌塑造一系列独特的体验呢？目前大家比较公认的是，品牌体验是多维度的，涉及客户在整个过程中的认知、情感、行为、感觉和社会反应。可以从感官、情感、行动和思维四个维度对客户进行触动和刺激，如图 5-2 所示。

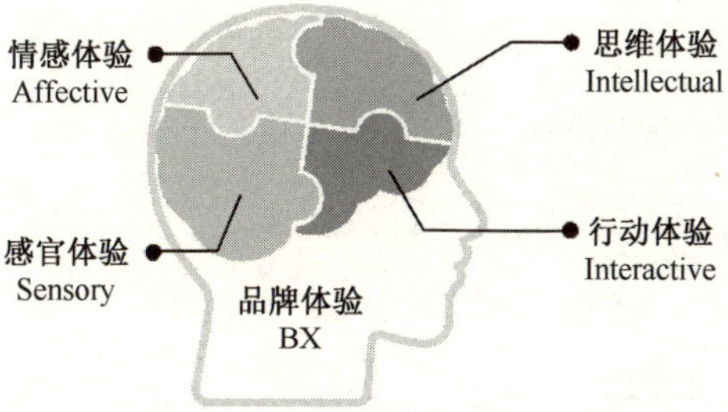

图 5-2　品牌体验的 4 个维度

1. 感官体验

通过品牌对客户在感官（视觉、听觉、嗅觉、味觉和触觉）上的刺激，让客户产生愉悦、兴奋和满足的感觉，并产生品牌印象与记忆。

2. 情感体验

情感体验是客户在主观上对特定品牌的感觉和对内在情绪的连接。情感体验不仅对客户忠诚度产生影响，也会对服务质量的感知差异起作用。

3. 行动体验

长期地创造与行为模式和生活态度相关的体验，包括客户在品牌产品购买和使用中获取的实现自我、社会尊重与成就感。

4. 思维体验

是指客户在与品牌的互动中获得的脑力与创造力上的刺激，诱发客户创新的思维。

找到并定义你的竞争对手

在古代齐国，有个大将叫田忌，他很喜欢赛马。有一回，他和齐威王约定要进行一场比赛。比赛的时候，齐威王总是用自己的上等马对田忌的上等马，中等马对中等马，下等马对下等马。由于齐威王每个等级的马都比田忌的马要强一些，所以比赛了几次，田忌都失败了。

后来，孙膑给田忌出了个主意，他让田忌拿下等马对齐威王的上等马，拿上等马对齐威王的中等马，拿中等马对齐威王的下等马。三场比赛完后，田忌输一场而胜两场，最终赢得齐威王的千金赌注。

这就是有名的“田忌赛马”的故事。通过这个故事，我们可以得出一个结论：知己知彼，才能百战百胜。

但今天很多的企业，它们认为只要解决了消费者对品牌的认知，就能影响消费者的购买。对消费者的过度聚焦，让这些企业忽视了竞争对手的存在，最终陷入了红海竞争。

品牌对消费者来说，是一种体验。但对企业来说，品牌是一项战略。谁也不能幻想一个市场中，只有你一家企业存在。因此，找到并定义你的竞争对手就至关重要，战略的目的不是模仿市场领先者，而是要准确定位，建立自己的竞争优势。而定位的前提，就是必须要界定竞争对手，找不到竞争对手就不可能准确定位，没有准确的定位，就不可能有鲜明有效的战略。

谁是你的竞争对手

爱因斯坦曾经说过：如果给我 1 个小时回答一个问题，我会先用 55 分钟搞明白你问的到底是什么，接下来的 5 分钟，足够回答。

同样，你要确定有效的品牌体验策略，就要先搞明白，到底谁才是你的竞争对手？

如何准确界定竞争对手？

对品牌而言，有一个简单的方法可以识别竞争对手，那就是阻碍消费者选择你的产品的因素。当然，阻碍消费者的因素有很多，因此要进行准确的判断，就需要去观察消费者的决策场景。

比如你的手机坏了，你会意识到自己需要一部新的，然后会到京东或天猫等平台搜索各个品牌的手机，在评估了各品牌的优劣势之后，选出了最合适的那一部，并付款购买。

这是一个典型的消费者决策过程，分为需求识别→信息搜寻→方案评估→行动四个步骤。其中，“需求识别”和“方案评估”是我们判断竞争对手的关键环节，因为它们要求你回答这样两个问题：

- 我为什么需要这款产品？
- 我的确需要这款产品，但为什么是选择你而不是其他品牌？

这就意味着，当消费者处于“需求识别”阶段时，他们往往并没有对产品产生需求，这时你需要做的是“唤起需求”。而此时产品的竞争对手，往往就是存在于其他行业的相似替代品。

所以我们能够看到，当滴滴、优步、神州专车等刚刚兴起时，它们之间并没有忙着攻击同类的打车软件，因为消费者此时处于“需求识别”阶段，它们此时的竞争对手是公交车、地铁、传统出租车等出行替代方案。这时候，通过烧钱补贴、营销传播唤起需求的方式往往更加重要。比如当时滴滴的海报文案是这样的：如果每天总拼命，至少车上静一静，全力以赴的你，今天坐好一点。

当消费者跨过需求识别阶段，逐渐习惯了线上打车的出行方式时，各个平台之间往往就要在消费者的“方案评估”阶段展开竞争，直接攻击同行业的同类竞品。所以我们能够看到神州专车的海报文案是这样的：毒驾、酒驾、罪驾，1%的风险，100%的伤害。别让自己，成为黑车司机的马路游戏。

如何赢得竞争

找到竞争对手的弱点，并以自己的优势发起攻击。这是每个企业都能想到的常规思维。

当然，你可以直接攻击竞争对手的弱点，比如它们的价格、服务、质量等。但同时你也要做好回答，如果它们弥补了这种弱点，并发起对你的反击，你该如何应对？一旦应对不力，你可能赢得了一场战役，却输掉了整个战争。

品牌作为企业的重要战略，不应该聚焦于短暂的胜利，而是应该取得对手无法跟进的长期优势。这样的路径有很多，其中一条比较有效的路径是，建立新的体验，并将你的体验品牌化。

比如百事可乐，当面对可口可乐这一强势对手时，百事可乐想要突围，但仅仅依靠推出更甜口味的可乐，并不能赢得市场。后来百事可乐洞察到：可口可乐在美国消费者的心中意味着更加正宗，但这种优势背后往往蕴含着"老牌""传统"的劣势。于是，百事可乐把自己定位为新生代的可乐，推崇活力、激情与动感，更关注年轻消费者，并选择合适的代言人，邀请新生代喜欢的超级巨星作为品牌代言人，把品牌人格化，塑造了更年轻的品牌形象。在与可口可乐的竞争中，百事可乐正是靠着"新一代的选择"的品牌体验，赢得了年轻人的喜爱，从而在激烈的可乐竞争中突围而出。

体验品牌化

星巴克最初设立时，其创始人霍华德·舒尔茨亲自去了米兰，体验当地的咖啡文化，光顾当地的咖啡馆和酒吧，并仔细观察各种顾客。舒尔茨清楚地认识到，世界上并不止星巴克一家能提供优质的咖啡，只有建立一个"社区”才能让星巴克脱颖而出，让它成为家和公司之外的第三种去处。

所以星巴克一开始就设计出独特的社交氛围，比如挑选什么家具，悬挂什么油画，播放什么音乐，都是围绕着“第三空间”这个思路，包括让店员和客户亲密寒暄的主意，也是因此而来。手工制作、艺术气息、专业、人性化及持久性，这是星巴克当年制订的 5 个品牌标准，不用一一对照这些都意味着什么，反正星巴克从此变成了一种文化。

所谓体验品牌化，就是企业基于品牌的竞争对手、消费者和企业自身资源优势的深度洞察，设计或创建一种新的体验，然后把这种体验进行品牌运作，包括品牌设计、品牌形象、品牌个性、品牌故事、品牌架构，以及营销开发和品牌化传播等。

品牌的本质实际上是消费者的体验。一个品牌，只有提供了有价值的体验承诺，并能积极兑现这种承诺，才能获得成功。为了达到这一目的，企业必须实行体验品牌化，使企业的品牌代表一种消费者需要的体验价值，并向他们传递这种体验价值，让他们感受到这种价值。

当你把提供给消费者的有价值的体验进行品牌化，它们就被烙上了你的品牌印记，这些具有品牌自身特征的品牌体验，它们不仅让你的客户迷恋，也让你的竞争对手难以复制和模仿，尤其是在区块链等技术越来越成熟的时代。

画一张你的品牌体验蓝图

今天，很多大的品牌主都有这样的感觉，那就是，自己品牌的效能正在下降。然而另外一个现象却是，越来越多的中小品牌正在上升，而且发展得非常快。还有一个现象是，本土品牌正在抢占外资品牌的市场份额。

来自贝恩咨询的报告显示，以 2017 年为例，本土品牌实现了 7.7%的增长，贡献了中国快速消费品市场98%的增长额。与之相比，外资品牌仅仅增长了0.4%。

本土品牌的稳步发展，是我们最希望看到的，这也是中国作为制造强国积累起来的能量。当然，本土品牌取得成功有多重原因。

首先，本土品牌拥有本地化优势，他们更了解国内客户的需求。

其次，本土品牌能比跨国企业更快速地制订和执行决策，从而使其能够快速适应新趋势，他们可以根据客户的反馈迅速调整产品策略，使得C2B、C2M这些模式得以实现。

第三，本土品牌在下线城市的渗透率比较高。比如消费电子的OPPO、VIVO等，都下沉到乡镇去进行市场拓展。

今天中国本土品牌取得成功，就是它们更好地顺应了品牌进化到体验时代的变化，更好地满足了当下客户们的需求。

那当下的客户，他们需求的是什么呢？

除了更好的产品、更好的服务，他们还需要的是——更好的体验。企业必须要去关注和客户的每一次互动，从最初的品牌认知，到选择、购买、使用品牌的产品，再到坚持重复购买，这之间的所有接触环节，都是竞争点，都存在着给客户制造品牌印象的机会，要充分利用这其中的每一个点，给客户创造难忘的回忆。

那些过程中让客户深深参与，值得回忆，甚至是令人难忘的服务及活动，就是品牌体验。

创造有意义的、独特的品牌体验，已经成为企业成功的关键。今天，体验设计正越来越被重视，在我们看来，体验设计的一个最重要的职能就是激活企业的品牌，而激活品牌的方法就是利用产品、服务，以及客户与企业之间的互动体验。应该说，企业每个动作最终的目的，都是为了进一步提升企业的品牌体验。

如何为你的企业打造优秀的品牌体验呢？你可以从品牌接触点、体验要素和方法论 3 个层面入手。为此，我们设计了一个品牌体验蓝图，如图 5-3 所示，希望能够为企业的品牌体验构建提供有用的参考。

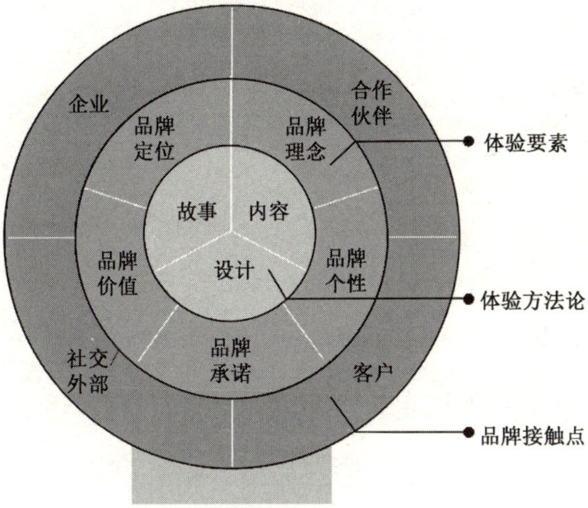

图 5-3 品牌体验蓝图

品牌接触点

很显然，品牌体验是由品牌接触点产生的，想要实现连贯一致的品牌体验，就需要对所有接触点进行统一的管理。

通常，品牌体验涉及的接触点可以分为企业拥有的、合作伙伴拥有的、客户拥有的、社交/外部的 4 类，这些品牌体验的接触点，在客户购买前、购买中和购买后的每一个环节都会出现。

1. 企业拥有的

这些接触点是由企业设计和管理的，并且受企业控制，比如企业拥有的媒体，包括广告、网站、消费者忠诚计划等，以及企业控制的营销组合，包括产品特性、包装、服务、价格、便利性、销售人员等。

2. 合作伙伴拥有的

这些接触点更多是由合作伙伴设计和管控的，这里的合作伙伴指的是供应商、渠道分销商、营销策划公司、传播媒体等。

3. 客户拥有的

这些接触点往往由客户掌控，不受品牌、合作伙伴的影响，例如购买过程中的支付方式，客户自己上传的产品使用视频，这些基本上都属于客户拥有的接触点。

4. 社交/外部的

在客户旅程的完整体验过程中，消费者还被社交或外部的接触点所包围，比如其他客户评价、KOL、第三方测评等。

品牌体验要素

客户在不同的品牌接触点，他们的体验应该是一致的。要让品牌更好地与客户产生共鸣，就需要对品牌体验进行定义，包括品牌定位、品牌理念、品牌个性、品牌承诺和品牌价值 5 个要素。

1. 品牌定位

品牌定位是品牌经营的首要任务，是品牌建设的基础，是品牌体验成功的前提。优秀的品牌都有一个特征，就是很好地将品牌的功能与客户的心理需要连接起来，在市场上树立一个明确的、有别于竞争对手品牌的、符合消费者需要的形象。

品牌定位的过程，其实也是市场定位和产品定位的过程，最常用的工具是 STP，即细分市场（Segmenting）、选择目标市场（Targeting）和具体定位（Positioning）。品牌定位要能清晰地回答这些问题：目标客户，品牌核心利益，以及客户购买的理由等。

一个务实的品牌定位，一定是“需求+机会+能力”的组合。首先是有需求的，是很多客户需要的；其次是有机会的，是竞争品牌没有满足的，有痛点的，有差异的；第三是企业能力所及的，能够承接的，有优势的。

2. 品牌理念

品牌理念是指能够吸引消费者，并且建立品牌忠诚度，进而为客户创造品牌（与市场）优势地位的观念。品牌理念包括企业使命、经营思想、行为准则三个方面，对企业的发展具有导向功能。

品牌理念是一个品牌的核心和灵魂，是企业与生俱来的灵魂信仰。也有人将品牌理念称为品牌口号，品牌理念通常可以用两到三个词来表示品牌的精髓。那些优秀的企业，都有优秀的品牌理念，比如百事可乐的“Ask for more”，耐克的“Just do it”，华为终端的“Make it Possible”，雀巢的“味道好极了”，招商银行的“因您而变”等。

3. 品牌个性

对一个人来说，最糟糕的事情是什么？不是没钱，也不是长得丑，而是无趣。谁愿意和一个无趣的人交朋友呢，无趣就意味着没有朋友，意味着孤独寂寞。

品牌也是如此，要让你的品牌真正活起来，能够和客户进行情感沟通，就必须赋予品牌一定的个性和形象，从而使品牌具有一定的精神和气质，能够和客户主动去沟通。与人一样，品牌应该具备独特、明显的个性，才能令客户印象深刻，从众多竞争品牌中脱颖而出。

品牌个性是品牌所具有的像人一样的性格特征的综合。品牌的差别不在于科技、功能，而在于感性、个性。那些成功的品牌都有自己的个性特点，比如我们提到哈雷戴维森，会立刻想到自由、激情、勇敢、充满着原始的动力，这些品牌个性让哈雷戴维森很好地与其他品牌区别开来。再看万宝路，它传统的牛仔形象充分显示了其浓郁的美国文化个性，朴实、放松、户外的，充满了青春和活力。而农夫山泉先后以“有点甜”“大自然的搬运工”为主题进行宣传，给我们传递了纯朴、勤恳、真诚的品牌个性，它把最纯净的山泉水运送到了我们的身边。

4. 品牌承诺

可口可乐公司前首席执行官穆泰康曾说过一句话：“如果一个好品牌是一个承诺，那么一个伟大的品牌就是一个守住的承诺”。

品牌承诺就是一个品牌给客户的所有保证。品牌承诺包含产品承诺，又高于产品承诺，是客户在体验品牌的产品或服务时渴望获得的某种功能或情感利益。不管品牌是否已经存在，品牌承诺一旦确定，就必须成为企业所有要素的驱动力，成为企业员工的行为准则，让承诺能够兑现。同仁堂古训：“炮制虽繁必不敢省人工，品味虽贵必不敢减物力”，这就是典型的品牌承诺。海尔的品牌承诺就是“品质保障”，为了兑现这个承诺，当年张瑞敏做出了“砸冰箱”的壮举。

品牌承诺必须是可理解的、可信的、独特的、引人注目的、令人钦佩的和可爱的。在设计品牌承诺时，要注意这三个因素：一是对目标客户而言极为重要；二是你的组织非常适合交付它；三是竞争对手没有解决它。你的品牌承诺，应该体现在你的品牌与消费者的每个接触点上，并在企业内部驱动所有成员努力去实现它。

5. 品牌价值

企业都爱说品牌价值，但是很多企业都没搞明白什么是品牌价值。简单来说，品牌价值就是你的品牌能给客户带来什么价值，你的品牌对于客户来说有什么意义。

品牌价值是让客户明确、清晰地识别并记住品牌的利益点和个性，是驱动客户认同、喜欢乃至忠诚于品牌的主要力量。只有客户认可了你带来的价值，才会进而认可你这个品牌，才能在口碑传播中逐渐形成自己的品牌。

品牌价值包括功能性价值、情感性价值和自我表达性价值。其中，功能性价值是根基，但具体到许多产品和行业，情感性价值与自我表达性价值成为客户认同品牌的主要驱动力，品牌的核心价值也就会聚焦到情感性价值与自我表达性价值上。

品牌体验方法论

良好的品牌体验能够吸引客户的注意，并且让他们在整个体验之旅中保持愉悦。当然，品牌体验是一个系统的工程，除了品牌接触点、品牌体验要素，还有赖于讲述优秀的故事、做有价值的内容，以及整合品牌、体验和价值的设计，我们把这称为品牌体验的方法论。

1. 讲述品牌故事

现在讲故事的品牌越来越多了。为什么大家喜欢讲故事？因为故事是最容易被记忆、传播并相互影响的一种方式。讲故事最容易贴近人性，给冷冰冰的产品赋予情感，并与消费者沟通，双方不再是买与卖的关系，而更像讲述者与倾听者。

品牌故事是比广告更高明的传播形式，它是品牌与客户建立情感的桥梁和纽带。对着目标客户讲故事，可以让他们心甘情愿地爱上品牌，不由自主地传播品牌。所以，成功的品牌都喜欢讲故事，借由故事展开的内容营销，营销预算虽未增加，效果却事半功倍。比如海尔讲了一个砸冰箱的故事，从而让人们认识了海尔，相信海尔的产品品质；褚橙讲了一个褚时健老当益壮的故事，就将其他橙子甩了几条街；New Balance 讲了一个李宗盛《致匠心》的故事，使其品牌格调陡然升了一截；万科讲了一个王石登山的故事，节省了几亿元广告费。

完整的品牌故事包含企业故事、人物故事和产品故事三种。一个好的品牌故事，对于企业的发展和品牌的塑造，都有着重要的意义。如果有故事，那就链接故事，如果没有故事，那就制造故事。

2. 做有价值的内容

企业的营销模式要创新，要更好地吸引和连接客户，关键就在于做有价值的内容。以内容为核心，以内容营销为弹药，撬动社群，从而构建黏性强大的活跃社群。这就要求营销人不但要像编辑一样思考，对图文等内容的追求近乎完美，更要像出版商一样行动，对浏览量、转评量、潜在销售线索、直接销售额、品牌印象、客户关系等指标有明确的要求。

比如网友@局部气候调查组为百雀羚制作的一支一镜到底的《1931》神广告，以上帝视角俯瞰磅礴的静态十里洋场，时间若是时尚杀手，唯有百雀羚永葆生机，没有浮夸，只有岁月无情中的真情呵护。这个长图片广告一经推出就引起了网友的极大关注，在朋友圈疯狂转发。而欧莱雅为了给旗下的美容品牌提供实时的好内容，在内部创建了一个"内容工厂"，专门就美妆教程、社交媒体上的照片等，进行视觉和文本内容的创造。欧莱雅还和 YouTube 密切合作，创建和产品相关的视频。

当然，对于不同的行业，内容侧重点也有所不同。关于内容的来源，除了原创，也可以通过内部整合（变形再利用）、外部整合（非抄袭）、客户创作（有奖或志愿），以及与专业公司合作的方式来推进。

3. 整合品牌、体验和价值的设计

没有哪个时代的商业比今天更需要设计，设计不仅是让管理和运营变得更有效率，还把社会导向"更美好"的地方。从产品设计、服务设计到体验设计，品牌的新范式是"品牌即体验"，品牌不仅是符号，更是新型价值观的引领和沟通。

从品牌设计的历史来看，更多是与视觉设计有关，比如品牌名称、标志、字体、颜色、产品包装、宣传册、网站、视频等。但设计包含的远不止于此，

从感官来说，除了视觉，还有听觉、嗅觉、味觉和触觉，品牌体验设计可以利用所有感官，通过多感官设计来建立品牌体验。

体验设计的工具不只是应用于产品体验或客户体验，在品牌体验上更是大有可为，比如形象策略，品牌 IP 化，大胆绚丽、重质感的视觉传递，情感共享设计，贴近生活的体验，以及品牌间的合作等。

品牌体验蓝图的三个层面，也可以理解为是打造品牌体验的三个步骤，从洞察品牌与客户的所有接触点开始，然后制订品牌体验的要素，继而通过故事、内容和设计去影响和打动客户。

显然，打造品牌体验，是整个企业，包括组织所有成员的努力，涉及销售、运营、客服、人力资源、财务等，它涉及企业中的每个人，而不仅仅是品牌或营销部门，需要整个组织进行同步。

打造品牌化的客户体验

我们在喝可乐的时候，喝入口中的不仅是棕色液体的分子结构，同时喝进去的还有“品牌认知”，这些“认知”极大地影响了我们的口感。那些成功的领先品牌中，产品质量差异只是很小的一个因素。随着时间的推移，同一品类中的大多数品牌都变得相似，消费者能发现的差异往往都是由品牌本身创造的。

与产品和服务相似的是，一个好的品牌体验方案一旦开始实践，马上就会有别的竞争对手跟进。因此，你除了要不断升级体验感受，重点是要将体验和你的品牌特质联系起来，不要做一些无关品牌本身的大众化体验，否则就很难在消费者记忆中留下烙印。

今天有很多企业都在实施品牌管理，而其中一个很重要的内容就是对品牌体验进行管理，其目的就是向消费者传递连贯一致、有目的、有差异化和有价值的品牌体验，以创造更广泛、更深入的客户关系。

我们给客户创造了什么样的体验？这些体验是否有足够的价值和特色？是否与目标客户相关和不可替代？我们的品牌承诺是什么？客户是否相信我们履行了承诺？这些问题，是每个企业都需要认真回答的。

遗憾的是即使到了今天，很多企业在创立品牌的过程中，还是有很大的盲目性，对于品牌的理解还局限于品牌标识性、功能性的特点，大量的资金被花在了广告和标识推广上。当然，从另一个方面讲，这也正是那些志在品牌体验的企业的机会所在。

品牌化客户体验

那些优秀的企业，它们总是能走在前面，成功塑造了很多代表体验价值的卓越品牌。比如咖啡品牌星巴克，为客户创造了除了家和办公室的“第三空间”；家居品牌宜家，它所代表的已经不只是设计精良、功能齐全、价格低廉的家居用品，更是一种“美好生活”体验；连锁酒店品牌四季酒店，客户津津乐道的不是酒店高档的硬件，而是始终如一的优质服务；汽车品牌宝马，一直把追求运动驾驶乐趣作为自己的目标；手机品牌小米，“为发烧而生”，力求打造高性价比的电子产品。

这些重视体验传递的品牌，它们不再是作为一种地位、身份的象征，而是致力于提供给客户渴望的生活方式。在这个体验传递的过程中，客户完全融入其中，并与品牌产生良性的互动。客户在寻找相关的体验来满足和体现其对生活方式的要求，而品牌传达的正是客户需要的价值，这两者的完美契合就形成了品牌化客户体验。

对于企业来说，品牌化客户体验能有效地赢得客户的忠诚度和获取高附加值。同时，专注于客户的体验，才能保证始终关注着客户，发现客户需求，找到营销的突破口。比如说窗帘，不再只是用于遮挡室内的物品，而是力求满足客户对装饰和光线调节的需求；一双运动鞋，不再只是追求让人们跑得更快，而是要跑得更爽，成为跑步者的陪伴。通过品牌化客户体验，产品生命得到延展，客户终身价值也得到了充分的利用。

随着“互联网+”新业态的快速崛起和冲击，客户对体验的期望值越来越高，产品即体验、服务即体验、品牌也即体验。体验，已经成为营销和品牌制胜的最关键要素。因此，建立品牌化客户体验，是每个渴望取得成功的企业所亟待解决的问题。

毫无疑问，品牌体验已经成为客户识别、感知和认同品牌的第一要素。我们理解，企业可以通过体验“品牌化”和品牌“体验化”这两种模式来建立品牌化的客户体验。这两种模式，我们把它们称为品牌体验的 A 路径和 B 路径。

A 路径：体验“品牌化”

品牌化的根本是创造差别让自己与众不同，而其中蕴含了企业的文化、个性特征、企业性格、群体划分、企业实力等。企业要想发展、提高品牌竞争力，以及扩大市场份额，促进利润增长，就必须塑造有体验感的品牌，然后将其灌输给每一位目标客户。

所谓体验“品牌化”，就是深入洞察客户需求，从品牌的属性、利益、价值、文化、个性、使用者等不同层面去研究分析，为客户设计或创建新的体验，再对其进行品牌化运作，比如品牌名称、Logo、广告语的设计，品牌的营销传播，公共关系的维护等，如图 5-4 所示。

图 5-4 体验“品牌化”路径

从图 5-4 可以看出，体验品牌化的起点是客户和客户的需求。当然，客户并不一定能准确表述他们需要的东西是什么，也很难提出具体的品牌建议，很多时候他们可能都没有意识到自己真正需要什么，但有一点是肯定的，他们需要更美好的体验。

体验品牌化以目标市场及其价值为出发点，保证了客户体验的有效性，从而实现了客户的高满意度。同时，也为品牌的传播提供了极大的便利，提高了品牌传播的速度，节约了营销的成本。

说起求婚这件事，大家都会想到求婚戒指，想到求婚戒指，就会想到品牌的问题。在这个物欲横流的快餐时代，撞衫、撞包都是稀松平常的事了，因此，钻戒这么重要的见证信物，每个女人都对其抱着独一无二的期望。关于钻戒定制，各大珠宝品牌也都在做，并有成熟的营销策略，但有这样一个品牌，不仅重新定义了钻石的含义，还引领了新时代下时尚的求婚文化，它就是 DR 钻戒，一个创立于 2010 年的求婚钻戒品牌。

就是这样一个成立不久的求婚钻戒品牌，却引起了轰动效应，甚至成为年轻一代心中的真爱信仰，即便平均单价在 8000 元以上，却依然吸引人们争相追捧。究其原因，在于它成功抓住了 90 后这一年轻消费群体的个性诉求及情感表达：既要展现与众不同的求爱方式，又要呈现真爱唯一的价值观念。DR 钻戒的品牌理念是“一生・唯一・真爱”，严格限制只能男士购买，而且一生仅能定制一枚，购买时还要签署“真爱协议”，这些都精准把握了新时代女性对于爱情一生一世的向往，将一枚小小的婚戒上升为专一的爱情观念。

在线上，DR 钻戒做了很多珠宝传统品牌都做不到的事，比如借势明星婚礼、dr 族、微博社交推广，以及各种品牌植入。在线下，DR 钻戒致力打造卓越的门店体验，门店的选址与装修形式也完美诠释了品牌的浪漫属性，在一座城市最浪漫、最富文艺气息的地方开设新店铺，并邀请著名设计师设计。对于很多 DR 钻戒的客户来说，带着心爱的人到线下门店，不只是一个简单的购买过程，更是一个见证爱情诞生的特殊场景。

很明显，DR 钻戒卖的是品牌体验而非钻戒本身。DR 钻戒能在品牌林立的钻石行业中脱颖而出，成为消费者购买钻戒时的热门选择，原因就是它很好地洞察了目标客户的需求，设计了与众不同的真爱体验，并对这种体验进行了品牌化的运作。

B 路径：品牌“体验化”

和体验“品牌化”不同的是，品牌“体验化”的起点是品牌和品牌的价值，通过对品牌进行重新定义，把品牌价值转化为对客户的承诺，并向客户实践自身的承诺，来保证品牌的生存和发展，如图 5-5 所示。

图 5-5 品牌“体验化”路径

品牌“体验化”，是在对品牌充分洞察的基础上，梳理出品牌的核心价值，然后把品牌价值转换为能落地的品牌体验，包括品牌定位、品牌理念、品牌个性、品牌承诺、品牌价值等，然后在品牌与客户的所有接触点中让客户感受到差异化的、一致性的美好体验，从而提高客户满意度和忠诚度。

具有压倒性气势的雪浪喷涌而出，瞬间迸发出清澈凉爽的啤酒海洋，雪花啤酒独有的“迷彩装”顷刻出场。这是 2009 年华润雪花啤酒携手美国 Discovery 探索频道共同举办的“雪花啤酒 · 勇闯天涯 · 挑战乔戈里”活动所制作的电视广告。

由雪花啤酒推出的“雪花啤酒 · 勇闯天涯”活动已连续举办了 15 年。探秘雅鲁藏布大峡谷、探源长江、远征国境线、共攀长征之巅、穿越可可西里、翻越喜马拉雅、挑战未登峰，每一个挑战者都充满了不畏艰险、勇闯天涯的精神品质，铸造了雪花啤酒专属的品牌形象，传递进取、挑战、创新的精神内涵。“雪花啤酒・勇闯天涯”也已成为在广大消费者中认知度较高的宣传语之一。

时间回到 2005 年，那个时候中国啤酒的品牌名称都在玩各种“生”“爽”“麦”的文字游戏。而雪花啤酒意识到，“从当代到未来的商业竞争，尤其是啤酒业的竞争，最终的利器必将是品牌——差异化十足的个性品牌。”于是，国内啤酒业第一次系统打造品牌的努力开始了，“雪花啤酒・勇闯天涯”探索活动，使得雪花啤酒率先“成为一个有故事的品牌”。

雪花啤酒的合作伙伴美国科特勒营销公司总裁米尔顿・科特勒这样说：“一个成功的品牌，应该在品牌和消费者之间创造一种‘爱’，设计一个持续、一致并具有情感价值的故事是最重要的，而不少中国啤酒的品牌建设相对都缺乏感情和爱。”

啤酒是我们日常生活中最常见的产品，中国啤酒行业经过多年的群雄逐鹿，全国的布局基本属于密不容针。而雪花啤酒，经过 20 多年的发展，成功登顶世界单品销量第一的位置，其在品牌体验上的“勇闯天涯”，应该可以给到我们很多的思考。

每一个优秀的品牌，都必须将品牌承诺转化为客户体验，与客户一起互动，通过品牌的力量提供极致的客户体验。在品牌体验化方面，很多品牌都做得非常好。比如海尔的“真诚到永远”、华为的“以客户为中心”、万科的“让建筑赞美生命”、华润三九的“为爱专注，为家守护”等。这些品牌都很好地把品牌价值转化为了品牌承诺，在与客户的品牌互动中，传递美好的客户体验，进而让品牌变得更加鲜活、也更有体验感。

如何提升你的品牌魔力

相信很多男孩都有这样的痛苦：为什么我对你这么好，却还是打动不了你的心？

女孩说：我知道你对我好，但我对你没感觉。

但男孩不死心，还是一味地去做他认为对的事和好的事，但是女孩不领情呀，他一味地死缠烂打，只会让自己更廉价。后来有一天，女孩和另一个男孩牵手了。男孩很伤心，他觉得自己什么都比那个男孩强，他不明白，那个男孩到底是有什么魔力，能抢走他心爱的女孩。

是的，男孩一直都不知道女孩要的“感觉”是什么，如果对方没有在心里认可你，对你产生或心动或依赖的感觉，你再多的付出也是没有用的。

做品牌其实和谈恋爱很相似。时至今日，中国的经济总量已经稳居世界第二，直逼美国。在 2019 年世界 500 强榜单中，中国（含港澳台）上榜企业共计 129 家，历史上首次超过美国（126 家），这显示出中国经济的新兴力量正进一步加强。但同时也要看到，大多数上榜的中国企业，大而不强，突出表现为企业竞争力，尤其是价值创造能力仍有欠缺。

这可以从另外一个榜单中找到答案。Interbrand 每年都会发布一个全球 100 强最具价值品牌排行榜，其中一直看不见中国品牌的身影。直到 2014 年，华为才首次进入这一精英俱乐部，2015 年，联想也开始入围该榜单。2019 年 10 月 16 日，品牌咨询公司 Interbrand 发布的 2019 全球 100 强最具价值品牌排行榜中，排名前十的品牌分别为：苹果、谷歌、亚马逊、微软、可口可乐、三星、丰田、奔驰、麦当劳、迪斯尼。中国品牌仅有华为上榜，排名第 74 位。

为什么世界 500 强和品牌 100 强两个榜单会呈现如此大的差异呢？其中的一个重要原因，就是我们的这些中国企业，还差了那么一点“品牌魔力”。身为消费者，你可能“知道这个品牌”，但却不一定“知道这个品牌是什么”。

追根究底，原因在于经营品牌仍是以企业本位制订策略，期望透过优秀的产品和服务吸引消费者。乍听之下，这样的逻辑非常正确，毕竟消费者掏钱就是想要买好的东西。然而，这也就容易忽略消费者怎么主观看待品牌本身，以及他们购买决策的心路历程。

定义你的品牌

那些全球最佳品牌的领导者明白，消费者并不关心他们的生意，而是关心他们的品牌和产品如何触及自己的生活、影响自己的形象。因此，苹果不是一个劲地兜售其领先的技术和出色的产品设计，而是一直宣传自身所做的一切都“Think Different”（不同凡响）。可口可乐出售的不只是解渴的饮料，还有与客户一起开启的缤纷时刻，共享的欢乐时光。麦当劳也没有一个劲地强调其美味的汉堡，而是鼓励消费者积极地对待一切事物，发现爱、享受爱、分享爱，一起享受“简单、轻松的用餐体验”。

在每个品牌都在往前奔跑，激烈争夺客户注意力的时候，一个正确的做法反而是先停一下，认真思考应该如何定义你的品牌，你的品牌对于你的目标客户来说，究竟意味着什么。

要更好地进行品牌定义，就需要从心理学、行为心理学等方向去进行研究。心理学家米尔顿·罗克奇提出的手段—目的链理论（Means-End Chain），可以给我们以启示。手段—目的链理论认为，客户在购买产品和服务时，其出发点是实现一定的价值；为了实现这一价值，需要取得一定的利益；为了实现这一利益，需要购买一定的产品和服务。

基于手段—目的链理论，我们设计了一个品牌定义三层模型，如图 5-6 所示。

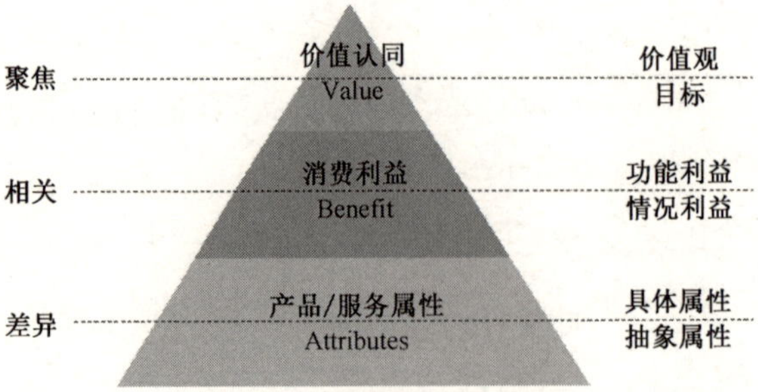

图 5-6　品牌定义三层模型

对于品牌的定义，可以分为产品/服务属性、消费利益和价值认同三个层面。

1. 产品/服务属性

产品/服务属性是指产品或服务客观存在的特征，包括原材料、形态、制造过程等内部属性和服务，以及品牌、包装和价格等外部属性。属性层面的差异化，可以让品牌变得和竞品不一样。

品牌在属性层面的厮杀是非常惨烈的，因为客户在这个层面的要求变化很快，非常难以捉摸。由于技术的发展，属性层面的信息变动得非常快，尤其那些快时尚的产品，可能上半年和下半年的信息都是不一样的。

2. 消费利益

消费利益是指客户从产品或服务获取的直接利益，包括功能利益、情感利益、财务利益和心理利益等内容。消费利益层面的信息，直接触及客户的利益，因此可以让品牌显得与客户更相关。

比如加多宝的“凉茶不上火”、红牛的“累了困了喝红牛”，都是在利益层面满足了客户需求，出现了爆款现象。

3. 价值认同

价值认同是指客户信奉的核心价值观念，是每个人心中不同程度上希望达成的目标，包括归属感、爱、自尊、成就感、社会认同、享受、安全、快乐等内容。价值认同层面的信息，可以让品牌更聚焦，让客户建立对品牌的认同感。

能够占领品牌价值认同层面的品牌，基本上都是一些伟大的品牌，也就是我们说的百年品牌。比如可口可乐、雀巢等，这些伟大的品牌，它们更加贴近客户的成长、恋爱及生活，赢得了社会的普遍价值认同，因此都具有极强的生命力。

建立品牌认同

那些拥有“魔力”的品牌，甚至能够影响消费者对于自我的看法。这几年风靡北上广深等一线城市的新式茶饮品牌喜茶就是最明显的一个例子。在北京三里屯喜茶店，你会发现几乎从早上到晚上，都有排着队购买的消费者。而他们花了一两个小时好不容易买到一杯喜茶后，首先要做的不是喝，而是拍照发朋友圈。人手一杯的喜茶，除了好喝，还能“装酷”，这就是品牌赋予的魅力所在。

社会心理学家亨利·塔菲尔、约翰·特纳提出的社会认同理论认为，每个人都有将自己归类于某个团体的倾向。个人一旦认为自己属于该团体，就会将之与自我相连接，使得团体的某些属性特征成为自我概念的一部分。这种情况也就是个人形成对于该团体在认知和情感上的依附状态，亦即所谓的认同感。

这个团体不一定是实体的团体，而是个人主观认定存在的团体。显然，品牌就拥有这样的“团体”特性。

品牌认同是社会认同的重要来源之一。所谓品牌认同，就是消费者对于“这个品牌是什么”的认知。在消费者和品牌之间的关系中，消费者对品牌的认同感越强，对于品牌就会有越高的忠诚度和满意度，也就有更高的概率购买该品牌的商品。

品牌存在的价值，就是因为能够帮助消费者减轻购买行为时的认知负荷量，他们知道购买这个品牌的产品，就可以获得预期的价值。当然，建立这样的认知连接需要长期的培养，因此品牌打造是个系统的工程。每个品牌必须要建立起属于自己的核心价值，这个价值必须是持久的特质，并且与其他的品牌有所区别，这样才能够让消费者通过和品牌的互动，了解“这个品牌是什么”，进而对品牌产生认同感。

共情营销

那品牌应该如何提升自己的品牌魔力呢？毫无疑问，就是要站在消费者的角度，理解他们的价值观和生活理念，然后清晰定义自己品牌的产品/服务属性、消费利益和价值认同，并通过持续的品牌传播，与消费者产生共鸣，不断累积消费者强烈的品牌认同感。

这也就是专家所说的共情营销。在共情营销中，可以从消费者对于“自我”概念的三种反应倾向来入手。

1. 自我延续（self-continuance）

为了表达自我，人们较喜欢和与自己类似的群体相处，并且较倾向注意与自己相关的信息。自我延续指的就是个人的自我概念与团体特性具有一致性，从而产生心理上的连接。

品牌能够被消费者认同，首要条件就是品牌传递出的核心价值与消费者的自我概念一致。比如同样是高级车品牌，选择宝马的车主和选择奔驰的车主，他们的性格特质和价值观可能就有所不同，宝马强调性能操控，车主可能是个追求极致表现的人；而选择奔驰的则可能具有高贵稳重的个性。同样，酒类品牌的传播策略不会将重点放在口味上，而是去塑造消费这个品牌的人所代表的形象，借此吸引其目标族群。

2. 自我强化（self-enhancement）

每个人都具有提升自我评价的基本倾向，也就是提升外界对于自我整体的评价。因此，当消费某品牌的产品能够协助提升对于自我的看法时，就会产生自我强化的效果。

奢侈品品牌最能够通过这种方式增强品牌认同感。比如拥有 LV 的皮包，不仅是使用着做工精美的配件，更重要的是这个品牌能够给予消费者心理层面上的地位提升。那些拥有较高的社会评价的品牌也能够通过此方式强化认同感，比如华为在中美贸易战中被美国政府制裁，反而激发起消费者的购买热情，使用华为的手机，不只是为了更好的产品，还有更深层次的意义。

3. 自我识别（self-discrimination）

自我识别则是指身为该团体的一分子，能够感受到该团体与其他团体有所不同，明白“内团体”及“外团体”的区别。因此，一个好的品牌应当拥有独特的个性、文化、价值观和管理策略，才能够让消费者通过认同此品牌，让自己感受到归属于一个特定的群体。

在品牌管理中，精确的品牌定位永远是最重要的课题。比如零食巨头玛氏公司，其旗下德芙、士力架、M&M's 等品牌在巧克力市场上呈现出不同的品牌形象，并各自拥有属于自己的忠诚消费者群体。

从你的品牌成为客户的品牌

有一种制造叫“德国制造”，无论是帐篷、钟表、桥梁，还是汽车、火车、轮船，德国制造总是那么耐用、务实、可靠、安全、精密。

和德国制造齐名的，还有德国品牌，拥有 8000 万人口的德国，竟然有 2300 多个世界名牌。大家肯定知道奔驰、宝马、大众、奥迪、保时捷、西门子、博世、安联、阿迪达斯、妮维雅、麦德龙、拜耳、巴斯夫等品牌，这些品牌也成了享誉全球的高品质产品的代名词。

德国也产生了很多让我们推崇的管理和营销学大师，比如隐形冠军之父赫尔曼·西蒙、推销大师乔·吉拉德等。这里要介绍营销学大师赫尔曼·瓦拉，他推出了一本书《从 I 到 WE：卓越品牌力的秘密》，在这本书中，瓦拉提出了“我们品牌”的理念。

什么是“我们品牌”呢？就是让客户视你的品牌为“我的品牌”，出色的

“我们品牌”拥有的不是买主，而是信徒和粉丝。

吴晓波提出的 ibrand 理念也有着同样的思考。传统的品牌塑造主要是依靠大众媒体提升权威性和知名度，即所谓的 BRAND，而如今品牌的创建已由一个大时代迈向小时代，叫作 ibrand。ibrand 可以成为我们自己的品牌、粉丝品牌，小而亲切，没有很强的压迫感。在移动互联网时代，品牌已经从知名度向透明度转变，从公信力向亲和力转换。

毫无疑问，无论是“我们品牌”，还是 ibrand，我们要建立的就是客户的品牌，一个让客户信任、认可的品牌。这个品牌和客户之间是平等的，是有亲和力的、有口碑的。从可口可乐到苹果，从海底捞到小米，从沃尔沃到京东，每个品牌都在强调和客户之间的“我们感”，大家都努力在自己与客户之间建立一条亲密的纽带。

客户的品牌

我们把品牌的形成过程分为以下三个阶段。

第一个阶段，是企业的品牌。在这个阶段，客户只能看和听，还无法接触到。这个阶段品牌大部分都是从企业的角度去传播，而企业往往会掩盖背后的问题，夸大所有的好处和利益去传达给客户，然后让客户去想象、去体会、去迎合。

第二个阶段，是品牌的实际体验。客户带着品牌传播出来的种种幻境要素，去实际体验品牌，客户在亲身消费过程中，可能会体验到品效合一，也可能会比较失望，但只要差距不大，客户在见到品牌的实质产品时，他们会做出购买决定。

第三个阶段是客户的品牌，当客户有了第一阶段和第二阶段的消费时，如果与品牌承诺的差别不大，以及产生了品牌共鸣，就会形成连续消费。

所以说，品牌不属于创始人，不属于企业家，也不属于投资人，它只属于客户。随着权力的钟摆逐渐向消费者一端倾斜，品牌不再由企业定义，而是由体验它的客户们定义的。

品牌价值主张

在20世纪，笛卡尔推崇的身心二元论占据主流。二元论拒绝承认情绪在理性决策中的作用，认为情绪是理性思考的杂音。然而，既是临床医生又是神经科学家的安东尼奥·达马西奥，提出了截然相反的观点，他在《笛卡尔的错误》一书中写道：人的每一个决定，都主要由大脑中的情感中心控制。达马西奥认为，人类的理性决策离不开对身体情绪状态的感受。

人类一直都有两种互补的决策方式：情感与逻辑。而理性和逻辑，主要是用来证明情感决策的正确与合理。

标榜理性的笛卡尔，其观点是片面的。一个最简单的例子，你若喜欢一个人，就会在他身上发现越来越多的长处与优点，而他的缺点则会被你有意无意地忽视掉。你通过理性思考发现的对方优点，潜意识里就是在证明，你喜欢他这个情感决策是对的。

企业要想影响消费者的购买决定，就要在情感和精神层面下功夫，让客户对你的品牌形成正面的、美好的印象、感知与体验。

星巴克的味道更好，是因为消费者认为星巴克更好。当企业的市场份额越大，品牌的主导性就越强，品牌对消费者“事实认知”的影响力就越大。今天的品牌，不仅是区分同类产品或服务的名称和符号，更是在客户心智中针对竞争对手所建立的认知优势。

所以，挖掘和重塑你的品牌价值主张最为关键，也是根本发力点。因为只有情感和价值观的连接才是最底层的，也是最牢固的。如果购买和使用你的品牌能够让客户产生一种积极的情绪，或者是能够成为客户自我概念的表达符号，给他们提供了传播自我形象的方式，那你的品牌就从功能价值升华到情感价值和精神价值，也就成了“客户的品牌”。

那些成功的品牌，都会提出优秀的品牌价值主张，它们关注品牌对于客户的功能利益，但更关注情感利益和自我表达利益。比如宝马，不只是驾驶的兴奋，更有通过使用宝马，显示“我年轻富有活力”的自我表达。而奔驰，不只是乘坐的舒适，还有成功和尊贵的彰显。

从你到客户

衡量“客户的品牌”，一个最简单的标准应该是：“我就要喝这个牌子的饮料”“我就要买他们家的化妆品”“我就要用这种手机”“我就要开这个车”，当你的客户这样认为的时候，这个品牌就真正成功了。

但为什么有些品牌可以成为客户的品牌，有些品牌则沦为了标签和符号呢？

要回答好这个问题肯定是很困难的。客户如果信任某个品牌，奉之为“我的品牌”，那一定是企业和品牌全方位经营的结果，我们只能试图从大量的表象和数据中，梳理出一些可供尝试的途径。

1. 安全感

回到品牌的最初，品牌之所以成为品牌，是因为它给了我们安全感。为什么尽管那些非品牌的产品说得天花乱坠，我们还是坚持要去买品牌的产品，就是因为这些品牌的产品让我们放心，因而会持续购买和使用。

今天，我们即使是谈到中国最好、规模最大的 500 强企业，不论是中国石化、中国移动，还是阿里巴巴或者腾讯，我们首先想到的都是安全感，我们照样会担心中国移动乱扣费，担心在淘宝上买到假货。

安全感至关重要，它是每个品牌的地基。你的品牌如果不能给到客户安全感，便没有办法达成持续的销售，你也许能采取铺天盖地的广告攻势，但最多也就是辐射部分客户形成一次购买。

2. 体验感

产品和品牌大爆炸的时代，体验感成了客户的第一感。当你去问客户的时候，他们只是一个“有感”或“无感”的回答，但作为企业，你必须要去解构出这个“感”背后的逻辑。

可以肯定的是，一个好的体验感一定是好的产品体验、好的客户体验和好的品牌体验的累积和升华。当你致力于在每个接触点上创造客户渴望的、独特的品牌承诺，致力于在每一个接触点上建构品牌，你也就能真正赢得客户和拥有客户。

3. 回归人性

毫无疑问，在这个产品、服务，包括品牌都越来越相似的时代，只有那些能与客户成功对话，展现出共同信念和价值观的品牌才能得以生存。

作为企业家或者创业者，应该少谈商业，多谈人性。追求投资回报率，追求各种 KPI，追求资本杠杆，这些都没错，但是一切的商业都是建立在人性的基础上的，忽略了人，那就是动摇了商业大厦的根基。

人性是通达万物之门，不论各行各业，当你在做商业决策吃不准的时候，不妨多想想大多数普通人的基本反应，多思考大众的心理。当然，这也才是建立品牌的“道”，把你的品牌传递到客户的心里。

CXO

第6章

体验创新：下一个增长极

过去这几年出现了很多新概念和新名词，其中有两个似乎与我们每个人都有点关系。

一个是“消费升级”。这些年中国经济快速增长，大家都有能力消费了，所有人都觉得我要买好东西，连马桶都要加个智能盖，甚至还有人专程去日本买马桶盖。于是，“消费升级”这个词就出现了。

大家都在讲消费升级，媒体上充斥着方便面、可乐越来越不好卖了的新闻。很多企业开始往质量、服务升级上去靠。“颜值即正义”成为真理，一大批漂亮品牌正在迅速崛起，它们除了关注产品的颜值设计，也关注实体商业环境的打造。

消费升级出现了一段时间后，又出现了一个新的名词，叫“消费降级”。尤其是拼多多上市后，大家发现拼多多的增长，比很多主打消费升级的电商平台还要猛烈，于是有专家说消费开始降级了。

当肯德基和麦当劳在不断创新和竞争新零售的时候，一家叫华莱士的福建企业悄无声息就成了国内最大的炸鸡连锁品牌。当很多城市的文艺青年开始说我要用更适合自己的化妆品的时候，植物医生已经在全国 300 多个城市开了 3000 多家门店。

和消费升级相比，贩卖消费降级更惹人注目，因为这直接让人感到焦虑和恐慌。但消费升级还是消费降级，并不是想当然的，对于企业来说，正确的做法是去研究这个行为的实施者，也就是客户。走进这些鲜活的、具体的、购买行为复杂又分裂的个体，探寻他们消费升级或是消费降级行为背后的动机是什么。

看看这些客户画像：某甲平日加班太辛苦，所以周末去五星级酒店狠狠吃了顿海鲜大餐；某乙从黄牛手里高价买到了偶像异地演唱会的内场 VIP 票，却在微信群里张罗着找人一起去快捷酒店拼房；某丙在电商平台上为了让店家少 5 元钱讲了半天，差点错过去机场出境游的时间。那么请问，这三个人是消费升级了还是消费降级了呢？

其实很多时候，消费升级和消费降级是同时出现的，以零售业和快速消费品行业来说，许多品类（如瓶装水、酸奶、护肤品和彩妆）中高端产品增长变快，大众或低端产品增速放缓或下降；在家消费增长放缓，在外消费（路上消费、餐厅外卖和在外就餐）增长加快。

应该说，消费升级和消费降级不是什么神秘的新名词。所谓消费升级，说白了就是“消费者购买了该品类下价格更高、品质更好、品牌地位更高的产品或服务”，反之就是消费降级。

体验定义：学会区分专业边界

消费者兜里有钱了就希望生活质量更好，世道艰难就必须省吃俭用，这种经济的大趋势不是靠消费者或企业一己之力能教育或扭转的，企业只需要根据对经济形势的评估去优化或创造产品就好了，就如同经济衰退时很多快消品企业经常会推出大规格的家庭装一样。

在这里，我们更关心的是，消费者主动进行的消费升级或消费降级的行为活动。麦肯锡发布的《2017 年中国消费者调查报告》显示，以 90 后为代表的新一代消费者，他们已经成为消费增长的最大来源，他们的消费有着这些趋势：倾向购买更贵的产品；健康意识增强；更加淡化品牌，注重个性化；注重性价比；愿意为更好的服务、设计和品质支付溢价。

品质、性价比、个性化，从这些关键词可以看出，消费升级将人变成了消费的主人，消费者已经过了盲目追求价格低和大品牌的年代，整个社会都在沿着“更好地为人性服务”的路子前行。比如说，进一步解放双手的洗碗机，自 2015 年以来，连续 3 年年增长率超过 100%；代表身份地位等认同感的，以 BBA（宝马、奔驰、奥迪）为代表的豪华车，在 2017 年、2018 年的车市寒冬中，依然有接近 20%的年销售增长。

早在 2003 年，迈克尔·西尔弗斯坦和尼尔·菲斯克在他们的 *Trading Up*（《消费升级》）一书中就指出：“很多消费升级品牌的溢价总是以情感为基础，且和其他商品相比，消费者对它们有着更强烈的情感共鸣，而在另一些没有情感利益的品类上则转换为消费降级。”

所以，无论消费升级还是消费降级，有一个因素非常重要，那就是人们的情感，也就是我们说的体验。如果深入去研究人们的需要，我们会发现大家真正需要的，其实不是消费升级，而是体验升级。

广告教父大卫·奥格威在他的《一个广告人的自白》一书中写道：客户不是低能儿，而是我们的妻女。不断成熟和升级的客户，他们不是大手大脚，更不是乱花钱，他们关注的是品质，是性价比，是体验过程中带来的愉悦和享受。

比较尴尬的是，很多企业并没有真正认识到这一点，它们有的可能是没有建立这方面的企业理念，有的可能是没有展开行动的能力。也有一些企业，通过升级客户的体验，坐上了冠军的宝座，但却成为新的垄断者，阻碍了行业的发展，让人们的体验感变得更差。

体验失灵

随着经济和社会的发展，人们的消费正呈现出从理性消费到感性消费及感觉消费的演变趋势。我体验、我认同、我分享，越来越成为新一代主力消费群体的普遍行为和共识。

每个企业都在追求为客户提供更好的体验，然而在消费侧，企业的客户们依然失望，出现了体验的脱节。让人更加沮丧的是体验失灵，企业精心设计的体验，却没有得到客户的认同，没有很好地匹配客户的需求。

企业花了非常大的心思，在人力、财力和物力方面都做了很大的投入，雄心勃勃地向市场宣布，将给人们带来震撼的，甚至是颠覆式的体验。结果呢？刚开始时，确实看到车水马龙、人头攒动，就在大家都认为一个新物种即将成活的时候，一波又一波体验回来的客户给了差评，或者是吐槽并没有期望的那么好。近年来不断新开的各种主题餐厅，政府和企业重金打造的景区景点，都不同程度地出现了这样的问题，有的甚至不得不倒闭。

提升体验并不容易，如果只是简单地拥有客户，让他们“体验”你的产品或服务，结果通常情况都是让人失望的。这就意味着企业需要学会区分专业边界，专注和投资于体验中最有意义的地方，包括体验设计、专业的技术和操作过程，而不是沉醉于兜售最新的技术或前卫的设计。

进行体验定义

每一个企业都希望借助优秀的客户体验成功撬动市场，赢得客户的好感和信任，与客户建立强连接的关系，从而实现营收的不断增长。但要构建完美体验，并非一朝一夕能完成的，它是一个漫长而艰巨的过程。

在我们的身边，体验脱节与体验失灵的现象随处可见。要让体验更有相关性和易于管理，系统的体验定义就显得非常关键。

体验定义的重点，不是局限于产品体验、客户体验、员工体验或者品牌体验，更不是那些单个接触点的体验，而是包含产品体验、客户体验、员工体验和品牌体验的所有内容，从更加广阔的客户旅程视角，围绕企业自身的核心生态，进行系统的体验架构。

如图 6-1 所示，这是一个简化的体验架构模型，通过深入的客户洞察，逐步完善体验的整个生态系统，然后从产品体验、客户体验、品牌体验和员工体验四个层面建设坚实牢靠的体验愿景大厦。

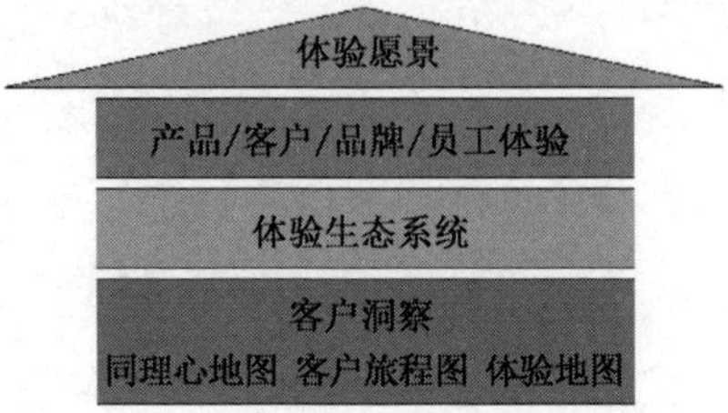

图 6-1 体验愿景大厦

1. 客户洞察

营销的圣杯，是洞察客户需求和客户行为，了解他们为何如此行事，以及为何购买企业的产品。同理心地图、客户旅程图和体验地图等都是很好的工具，可以帮助我们准确了解客户的需求，洞悉他们的新期待。在这里营销还有一个重要的任务，就是要把客户真正关心的问题进行量化，然后才有可能整合各类资源去解决它们。

2. 体验生态系统

企业需要打造以客户为中心、以体验为导向的组织，建立跨部门跨职能的管理体系、科学的客户体验评价体系和高效的客户信息反馈体系，运用敏捷 IT 对客户体验进行赋能，以及对一线员工进行充分授权，从而建立良好的体验生态系统，实现体验驱动型的企业发展路径。

3. 产品/客户/品牌/员工体验

产品、服务、品牌之间的界限越来越模糊，今天大家在说客户体验或品牌体验的时候，可能都是包含了产品体验、客户体验、员工体验和品牌体验的所有内容。谁先获得一体化体验的能力，谁就能把握营销的未来，因此，营销要聚焦于旅程而不是接触点，识别并理解体验的关键时刻，通过数字化技术重新设计客户旅程，在传播和互动中善于运用行为心理学。

4. 体验愿景

体验愿景是企业为自己设定的未来可以触摸的蓝图和共同目标，它描绘了企业的未来，定义了用什么样的信仰来指导企业的管理和经营工作，为企业指明了清晰的奋斗方向。从某种意义上说，体验愿景可以理解为企业对客户和员工的承诺。

当然，体验架构不是一成不变的，随着时代的更迭，体验核心内容的范畴在发生着变化，因此体验架构也需要不断地进行调整、升级。相信不远的将来，这座体验愿景的大厦会越盖越大、巍峨壮丽，这是社会发展的必然趋势，让营销真正回归于人性。

体验创新：超越产品和服务

今天，营销环境正在发生剧烈的变化，一方面是商圈、渠道、传播和品牌的去中心化，一方面是时间和空间的碎片化。随着手机等移动终端的普及，各类 App 应用、社交软件大放异彩，再加上人工智能、虚拟现实、物联网、区块链等新技术的轮番上阵，把人们的时间和行为切得细碎。

在新技术和应用的驱动下，客户与企业的交互形式和交互渠道越来越多元化，接触点数量呈现爆炸式的增长。根据 GlobalWebIndex（GWI）2017 年的调查，商务人群平均拥有 3.64 部终端，常用的 App 为 15～35 个，平均拥有 5.54 个社交账号，平均每天收发上百封邮件。

如今客户至少要与品牌经历 10 个以上的接触点，才可能形成一次最终的购买和消费过程。随着接触点的不断增加，客户行为的随机性和不确定性也在增加，单个接触点对客户购买转化率的贡献急剧下降。Monetate 对电商行业的跟踪研究也显示，电商网站的转化率和客户访问页面的数量都出现下降趋势。

这也就是“新零售”“生态”这些词语频繁出现在当下营销语境中的原因。大家都看到阿里巴巴、腾讯等巨头持续围绕客户的各类场景，在新零售、服务生态方面进行大资金布局，就是因为以前仅靠单点服务就能大规模满足客户需求的模式效能急剧下降。企业新的营销增长，正在从对客户单点的狙击模式升级成为多点的围猎模式。

体验创新是什么

体验创新并不是什么新名词。大家所熟知的迪士尼主题公园、星巴克咖啡厅、宜家家具商场，早在很多年以前就已经成了所在行业体验创新的标杆。

商业的重心，正从“把东西卖给谁”转向“为谁打造什么体验”。如果只是想在短期内显著提高销售额，一个优秀的营销方案就能解决问题；但要获得持续长久的增长和收益，就需要从全局的角度，系统规划并实施体验创新。

今天，企业要创造新的价值，获得品牌忠诚度，仅靠开发新的产品功能或者应用酷炫的设计和技术，显然已经不够。那些优秀的、最具创新性的企业，毫无例外都把极大的热情投入体验的创新中去。这些体验创新者正从更加宽广的视角洞察客户的生活，以及他们与品牌的交互行为，用独有的方式解决客户问题，提供更丰富和多元化的体验。

要强调的是，体验创新不是我们创造出来的一个新概念或营销噱头，它是营销的进化，是企业未来实现差异化和驱动增长的新方法论。当企业开始进行资源投入方向的调整，重新定义相关的生态系统时，就会发现它是如何推动企业实现新的营销增长的，以及产生了多么巨大的效应。

以滴滴为例，滴滴并没有改变交通工具，也没有重新训练司机，但滴滴从根本上改变了人们出行的叫车、乘车和支付的体验。同样，美团没有重新设计餐馆，但它改变了人们如何找到自己喜欢的美食的方式。

像三只松鼠，短短几年时间在竞争激烈的零食业中异军突起，就是因为其探索创新出新的零食消费体验，以女性、年轻一族、白领、讲究品质的人群为目标，基于对分众市场的把握，通过产品、渠道、服务的极致体验建立了客户口碑，并通过社交媒体建立了网络口碑，最终依靠口碑的裂变，实现了业绩的爆发式增长。

体验创新并不容易

体验创新能比升级核心产品带来更多的机会。当然，体验创新并不容易，它比产品创新更复杂，面临很多方面的挑战。

首先，体验创新需要掌握很多方面的能力和技术，而这可能是很多企业组织内部还欠缺的。改善体验并不只是消费行为洞察，概念创新和未来展望是一个系统的体验架构，涉及一系列的运作过程。而产品创新，通常是一种聚焦练习，如何把产品制造得更好。

其次，体验创新是一项庞大的组织任务。我们知道，在企业内部，产品通常是由一个部门来管理的，但是体验却涉及大量的相关部门。当确定一个新的体验改变时，可能需要协调和动员成千上万的内部员工，以及外部的合作伙伴才能达成。

第三，体验创新需要重新思考企业的商业模式。要实施体验创新，更多时候需要新的思维和新的流程，因此就需要重新架构原来已经习以为常的东西，而最终的落地会影响企业和利益相关者的交易结构，也就是重新定义企业的商业模式。

创新的 3 要素

当企业在努力创造更好的体验时，经常会走入两个误区，一是局限于某个特定的接触点，比如更流畅的产品性能或高效的客户呼叫中心，进行竞品分析和对标，而不是解决整体的端到端的客户体验；二是往往从运营和流程的效率考虑，设置复杂烦琐的关键考核指标，而不是创造与品牌的互动和提升客户愉悦感。

要让你的体验创新真正成为“创新”，而不是花拳绣腿的假把式，不妨试试从以下 3 个要素去思考。

1. 从产品到体验

如今，客户更看重体验，体验完全超出了产品和服务本身。因此，好的企业要有设计思维，要学会用同理心思考，站在客户、使用者和购买决策者的角度来看问题，创造愉悦感，而不仅仅是生产更好的产品。

2. 从接触点到旅程

单一接触点的视角，最大的弊端就是表面满意度远远高于真实的满意度，更有效的聚焦应是客户端到端的“旅程”，而非单一的“接触点”。创造贯穿整个客户旅程的关键体验，并将所有的体验连接起来，使其与企业的品牌相关联。

3. 从满意到惊喜

在越来越多的企业都能做到让客户满意时，只有创造“惊喜”才能实现差异化。这也就意味着你需要重新思考你的商业模式，重新构想那些原来已经习以为常的东西，从产品、服务、品牌的差异化走向体验的差异化。这些全新的、不同的、有趣的体验，让你的产品和服务比竞争对手的更有吸引力，并成为你的品牌的情感标识。

新的增长极

行为研究的最新成果表明，体验的愉悦度越高，客户越愿意付高价。对于人们来说，购买体验，比如旅行或一场音乐会，比单纯地购买一个同价格产品的回报更大。

经济学家弗郎索瓦·佩鲁是增长极理论的提出者，他认为，如果把发生支配效应的经济空间看作力场，那么位于这个力场中的推进性单元就可以描述为增长极，增长极不仅能迅速增长，而且能通过乘数效应推动其他部门的增长。最初的增长并非出现在所有地方，而是以不同强度首先出现在一些增长点或增长极上，这些增长点或增长极通过不同的渠道向外扩散，继而对整个经济产生不同的影响。

对于企业来说，投入体验创新就是寻找和构建下一个增长极。企业不仅仅要开发新的产品功能，满足未满足的需求，还要在围绕产品或服务的新的相关领域，创造更加立体和沉浸的环境。今天我们看到的很多成功品牌，它们的体验创新都远胜过产品创新。

以日本最大的书店连锁茑屋书店来说，它摒弃了传统书店按照书的形态进行分类的方式，从客户价值出发，重构书店空间，将“卖场”转变成“买场”，实现了将电影、音乐、书籍融合的复合店模式。茑屋书店全面应用大数据分析客群，用大数据来支撑客户体验创新，为不同客群打造“舒适居心地”，成为一个生活方式提案场所，被誉为全球最美书店。

很多优秀的企业都已经走在了前面，如阿里巴巴、腾讯、京东、华为和海尔，都在体验创新的路上走了很远，它们都在致力于为客户贡献体现企业自身品牌特征的美好体验，同时也驱动着企业实现持续而稳定的增长。

绘制广阔的客户生态世界

今天被赋权的消费者，他们很少会主动去发现企业所提供的产品或服务，他们将满足并超越预期视为理所当然。因此，你必须将自身的业务旅程与客户的生态系统相连接，创造更多接触点，创新更多连接方式，为你的企业绘制出广阔的客户生态世界。

招商银行就提出“打造最佳客户体验银行”的口号，从客户旅程地图开展端到端的流程梳理和优化，以客户的视角重新审视从最初接触招行、购买服务、到获得售后服务的全过程，将金融服务有效映射到客户的生活场景或重大事件中，如买房、装修、结婚、生育、购车、教育、旅行等。以一个购车的客户来说，他对银行的需求仅局限于车贷，但客户的愿景可能是“拥有人生的第一辆车”，招商银行就围绕客户的这个“梦想”，在车辆的选择、购买、装饰、置换等多个方面进行布局，将个性化的金融方案嵌入“车生活”的客户场景中去。

京东也是创新的典范，在电商刚起步时，为解决物流仓储的体验痛点，京东持续投入巨资建设基础设施和进行技术研发。如今京东已建成中国电商领域规模最大的物流基础设施，其亚洲一号仓库是亚洲地区单体最大、自动化程度最高、库存品类最丰富、产能最大、机器人最多的库房。基于强大的物流仓储能力，京东从最初的 3C 数码家电起家，迅速扩展到零售、百货、家居等领域，逐步覆盖到全品类。2018 年，京东在商城业务上不断创造新的价值，典型的如“京超计划”“京链计划”等。比如京东与沃尔玛实现的三通 2.0 升级，实现线上线下深度融合，客户在京东下单，后台系统可以选择距离客户更近的沃尔玛门店，然后将商品从门店直接配送给用户，极大地提升了物流效率，从而打造更加优质的客户体验。

当市场红利消失、同质化竞争加剧时，在企业的核心产品或服务的相关领域满足客户需求，延伸到了整个客户生态，提升客户的体验，显然是企业能够扩大市场并创造新的增长的绝佳机会。

真正的客户体验创新过程非常复杂，它既不是营销团队的“创造性才华”，也不是客户服务中的“流程卓越”，需要团队协作，扎实地工作，还需要新的工作和新的流程。我们理解，一个成功的体验创新，应该基于以下这些关键原则。

聚焦客户愿景

人，是一切变化的本源。首先，需要对客户及他们的旅程进行广泛而详细的探索，观察他们的行为方式，分析让他们高兴或难过的真实原因。基于大量的客户洞察和数据分析，充分理解客户的期待，才能对客户愿景进行重新定义。

但也要认识到，聚焦客户，并不是一切跟着客户走。客户无法告诉你他自身都还没有想象到的需求，也无法表述未来用怎样的方式做事，企业更多时候要有对自己专业的笃定和自信。

覆盖整个客户生态

体验创新有关整个生态，而不仅仅是当下。要找到创新客户体验的机会，需要超越传统狭隘的产品品类。比如耐克就围绕其明星产品开发了健身俱乐部、跟踪与监测 App、社交媒体和社群回馈计划等。

企业除了需要在满足客户愿景、无缝连接客户生态的旅程上进行创新，还要着重关注与客户的情感连接。比如沃尔沃为了吸引潜在的高端消费者，与其他竞争对手争抢潜在客户，实施了一项为准备购买竞品高端车型的消费者提供免费的目的地送达服务。客户只需要提前预约，沃尔沃就会在当天派出旗下产品和一名工作人员将他们送到竞品的经销商处。在去的路上，工作人员会让他们试驾沃尔沃，如果客户感兴趣，他们会向客户介绍该款车型的优点。结果，有 30%的客户会在途中改变购车意愿，有的会直接前往沃尔沃的销售门店，这一举措最终让沃尔沃的销售额显著提升。

创新客户体验

分析客户旅程地图，寻找关键举措，比如是否可以更改顺序，在客户意想不到的地方增加新的价值，为他们创造独特的体验。如今，被惯坏的客户越来越挑剔，企业必须具备精益创新、持续迭代的能力，为客户持续不断地带去极致的体验。

创新客户体验，还需要吸引整个团队的参与。除了战略正确，成功的体验创新需要激励和培训大量的员工，因此，全面的组织参与至关重要，通过不断扩展，最终实现激励和改变整个企业。

让客户取得成功

如果不能让你的客户取得成功，那再完美的体验也都是没有意义的。每个企业始终都要思考这些问题：我们这样做对客户有没有价值？对于客户而言，这件事是否是必不可少的？我们为客户提供价值的方式和理念是否有足够的吸引力？

让客户取得成功绝对不是为了让客户成功使用你的产品，而是说你要帮助客户自身获得成功。企业的整个管理团队和职能部门都要围绕客户成功，设定清晰的客户成功指标，发挥员工的积极性，在产品、运营流程及营销周期等各方面驱动客户取得成功。

用品牌连接所有体验

关于企业之间的竞争，有人说是商业模式的竞争，有人说是资源的竞争，有人说是人才的竞争，有人说是技术的竞争，还有人说是资本的竞争。众说纷纭，让企业管理者无所适从。

其实只有一个角度可以正确回答这个问题，这个角度就是客户的角度，因为竞争的终极战场是客户的心智，竞争的基本单位是体验。从客户角度看，答案很明显，客户关心的是品牌，在乎的是体验，而不关心产品是属于哪个企业，当然也更不关心企业拥有的资源、人才、技术和商业模式。

我们已经认识到，品牌实际上就是客户的体验。这些体验分别产生于客户作为消费者、购买者、使用者等不同身份，在线上线下不同的渠道和流程与企业的产品、服务、品牌、员工等的所有接触点中。这些成千上万的体验和连接形成了客户对品牌或产品的整体感受，也就是体验感。

对于客户来说，体验感是他们的第一感，体验感的好与坏，决定了他们是购买还是放弃，是推荐还是吐槽。在互联网的环境中，客户的体验感会被放得更大，影响他们朋友圈里的潜在消费者。

体验是竞争的基本单位，这也就意味着今天的营销比以往任何时候都要复杂。企业与客户之间的接触点正成几何级增加，体验不只是产品体验，还包括客户体验、品牌体验和员工体验，是一个全接触点的体验，企业需要进行系统的体验架构，围绕着核心接触点与客户进行互动。

品牌是体验的连接器

企业花了很大的心思去改善和优化客户的体验，最终的目的是要让这些体验产生经济价值。如何才能很好地实现这一目标呢？那就是要通过品牌，把所有的这些体验贯穿连接起来，统一归集到一个品牌下面。

品牌是无数连接和体验的聚合，品牌起到了体验连接器的核心作用。今天我们讲体验创新，事实上，体验创新最基本的工作就是要将所有的体验统一连接起来，而不是仅仅提供一个酷炫的东西。

好的体验创新，最终不仅仅是提供一个单纯的概念，更是提供一个互相连接的旅程，并且紧紧围绕在一个品牌下面，形成属于品牌的体验。以苹果来说，Mac、iPhone、iPad、Apple Watch，以及Apple TV，所有这些生态，紧密地联系在一起，创造了独一无二的属于苹果这一品牌的体验。

数字化为品牌体验赋能

好的体验要真正能做到“知我、懂我、服务于我”，也就是要个性化，而这些在传统的人工模式和工业技术下是很难实现的。但今天数字化和人工智能技术的发展已经能够给到很好的帮助，并逐渐成为品牌体验赋能的核心手段。比如线上可以通过企业官网、移动 App、微信等数字化渠道与客户产生互动与连接，线下则基于客户的动线，构建起动线路径所覆盖的智能硬件设备，如 AR、VR 和数字化触屏等。

值得注意的是，企业在进行数字化建设时，一定要有全局化、全接触点的观念。全局化包括了横向和纵向两个方面，横向包括客户全流程全渠道的轨迹与旅程，纵向包括线上和线下的所有渠道及服务人员。横向与纵向的交织，则产生了品牌与客户的各个交互接触点，针对所有这些接触点，要有清晰的数字化布局举措，从而帮助企业进行更好的客户行为追踪、洞察，为客户提供智能化、个性化和情感化的产品与服务。

企业的 X 战略

创新的重点，是要从更加广阔的客户旅程视角，围绕企业自身的核心生态，进行体验架构和体验创新。

显然，这是需要提升到企业战略层面才能解决的问题，因此我们把它定义为企业的体验战略，简称 X 战略。显然，X 战略包括 PX、CX、EX 和 BX 四大要素，如图 6-2 所示。

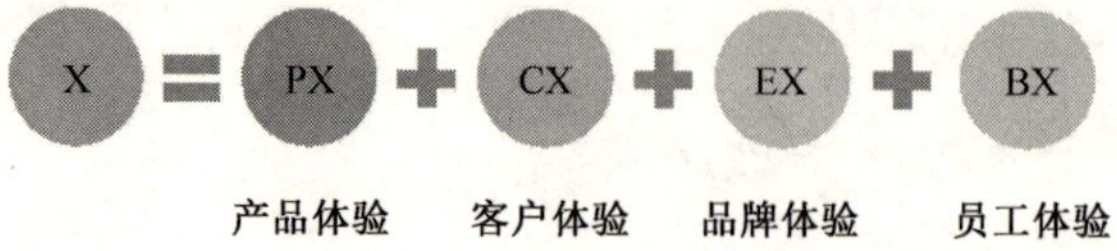

图 6-2　体验战略要素

X 战略的核心在于思维转变，现今市场上，一个成功的企业必须从“内—外”模式走向“外—内—外”模式，才能永续成长。也就是从客户的核心需求出发，思考如何创新，同时综合考虑外部竞争环境、科学技术及企业自身的能力资源，去定义产品、服务体验及未来的运营方向，从客户利益出发反思企业应该如何经营。

关于战略，竞争战略之父迈克尔·波特说过：“战略的根本是选择哪些事情不去做。”每个企业的资源都是有限的，因此必须清楚哪些业务优先、哪些业务重要，才能把资源放对地方，这就是战略选择。

随着体验的重要性与日俱增，你不能只停留在线上线下的产品创新或服务设计，而应从企业的战略层面进行布局，真正将体验变成企业的核心竞争力。

如何创建体验式的商业模式

有品质，还要享受和体验，这是每个客户的愿景。但企业毕竟不是公益组织，每个企业都是要营利的，这是企业得以持续的前提。同时，企业还要做好防备，以抵御其他竞争对手随时可能发起的袭击。

那怎么办呢？在客户体验和企业价值之间，就需要企业努力去发现新的商机，发明过去没有的交易方式。这就是商业模式。

关于商业模式的定义有很多，比较精辟而且容易理解的是清华大学魏炜和朱武祥两位教授的定义：商业模式是利益相关者的交易结构。

新商业模式画布

亚历山大·奥斯特瓦德是商业模式创新领域的专家，他和伊夫·皮尼厄一起设计了一个商业模式画布，用九宫格的画布方式来设计商业模式，简洁地描绘出企业通过什么样的方式，给目标客户提供什么样的服务，成本是多少，收益是多少。

一个好的商业模式，不只是要能输出有价值的产品，还要能输出有价值的体验。为了更直观地理解商业模式的运行机制，帮助创造有价值的体验，我们在商业模式画布的基础上设计了一个相对简洁的体验商业模式画布，如图 6-3 所示，我们把它称为新商业模式画布。

我们认为，一个好的商业模式应该由客户体验主张、盈利模式、核心资源和关键流程这 4 个密切相关的要素构成，这是体验商业模式的 4 要素。这 4 个要素相互作用时，就能够很好地创造、传递并获取价值。

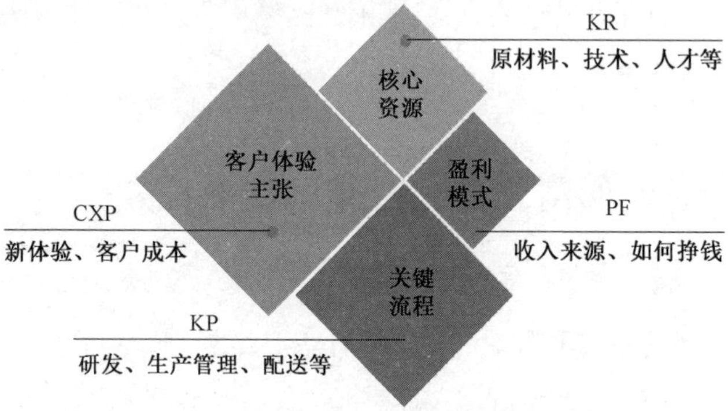

图 6-3　体验商业模式画布

体验画布的左边是客户，客户体验主张明确了客户的价值。体验画布的右边是企业，盈利模式明确了企业的价值。而中间的核心资源和关键流程，则构建了企业最核心的资源结构和系统能力，解决企业投入产出效率，是实现客户价值和企业价值的关键保障。

1. 客户体验主张（Customer Experience Proposition，CXP）

体验主张设计是整个商业模式设计最核心的部分，也是构建任何一个商业模式的起点。简单来说，体验主张就是确定性的产品或服务，能够帮助客户完成他们的某项重要“工作”。体验主张不明确，塑造或重建新的商业模式就无从谈起。

对于很多企业来说，可能需要开始改变先有产品概念和商业模式，然后再去寻找市场的旧习惯，学会从制订一个有力的客户体验主张入手。尤其是当大多数的竞争品牌都能满足基本的产品和服务需求，也就是客户“痛点”的时候，只有提出最佳的客户体验主张，才有可能唤醒客户的“痒点”和“喜点”，进而让企业的资源和能力得到变现，这是一切商业模式的前提。

2. 盈利模式（Profit Formula，PF）

离开了盈利模式，再美好的客户体验主张，最终都会沦为一句假大空的口号。简单讲，盈利模式就是指收入来源，怎么赚钱。对于任何一个企业，无论规模大小，如果找不到明确的盈利模式，自然也就没有前途可言。

客户体验主张是针对客户而言的，而盈利模式是针对企业而言的。大家经常能看到，有的商业模式设计很有创新性或颠覆性，但问题是盈利模式没有设计好，导致企业长期不赚钱，不断融资烧钱，最后只能死掉。

3. 核心资源（Key Resources，KR）

企业要进行正常的经营，没有资源是无法运转的。核心资源是指商业模式有效运转所必需的关键资源，这些资源可能包括资金、人才、原材料、配方、设备、技术、渠道、供应链、重要伙伴、品牌等。

每个企业都有很多资源，但商业模式关注的是那些可以为客户和企业创造价值的关键要素，这些关键要素必须能以盈利的方式实现客户体验主张。因此，核心资源的开发和建设是企业的护城河。

4. 关键流程（Key Processes，KP）

通俗来说，流程就是做事情的过程。

这里要重点设计和优化的是那些能催生体验价值的系统能力，也就是关键流程。关键流程是向客户重复和扩展传递美好体验的系统保障，也是企业必须不断去改善和提升的核心业务。

体验商业模式的特征

如果大家参加过一些企业的路演，就会发现体验已经成为评判一个商业模式好与不好的关键因素。

我们理解，一个体验式的商业模式应该有以下 5 个特征。

首先，客户的体验感指数要高；

其次，客户成本要低，成本包括客户的金钱、时间、决策、行动等成本，也包括客户放弃竞争对手转而使用你的产品或服务的替换成本；

第三，要有规模效应，也就是在核心资源和关键流程的高效运作下，存在边际成本不断降低的空间；

第四，要有网络效应，一个客户在得到愉悦的体验后，能影响和带动更多的客户进行消费；

第五，短期就能见到效益，商业模式是关注近期的，如果要很漫长很漫长的时间才能见到效益，那就不是商业模式，而是企业的战略了。

我们也和创投圈的朋友做过交流，他们是否考虑投一个企业的前提通常有这些：客户是否真正愿意花钱或花时间用其产品；其创始人是否能够把握机会成为领先者；其商业模式是否能够进行创新并且构建足够高的壁垒，让竞争对手无法复制。

打造难以复制的商业模式

那如何打造一个难以复制的商业模式呢？可以从下面 4 个方面入手。

1. 寻找客户痛点

每个企业的经营活动，其实都是围绕在为谁（Who）、解决他们的什么痛点（Suffering），以及为他们带来什么样的价值（Value）这三个要素展开的。这个客观存在的 W-S-V，一方面是市场竞争的结果，另一方面也是企业决策的结果。

那在客户侧，如何评判这个体验的价值呢？我们设计了一个可以量化的公式，如图 6-4 所示。

这里说的体验感，是客户对企业新的产品或服务（包括品牌）进行体验后形成的一种整体感觉，包括理性的实际感受和感性的心理活动。

图 6-4 体验价值公式

体验感很好，并不代表就一定有价值，因为在体验价值公式中，还有一个客户成本，包括货币、学习、行动、决策、形象、健康等成本，它是减分项。如果客户选择或者换用的成本比较高，就会导致体验价值很低，甚至没有任何价值的情形出现。

对于增量市场，选择那些客户体验指数很低，甚至近乎为 0 的领域，这样你可能只需要把体验感做到 60 分，几乎就可以称王了，然后不断进行快速迭代，给后来者形成壁垒。而在存量市场，先入的企业通常已经把体验感做到一个比较高的分值。对后来者来说，要抢占市场，除了要把体验感做到极致，还要考虑把客户从竞争对手抢夺过来的客户迁移成本。

2. 提出体验主张

要评价一个体验主张的好坏，不是看它是否喊出了一句富有煽动性的口号，而是看它是否非常精确地满足了客户的需求。

客户有很多需求，企业是无法一一满足的。因此需要进行关键痛点识别，分析营利性，然后再决定满足客户的某个需求，帮助他们更好地完成某项“工作”，而且体验感很好。

海底捞应该很多人都去吃过，就菜品而言，与其他火锅店并没有太大的差异性，但海底捞通过流程改造，为就餐的客户提供了尽善尽美的服务。网易味央，通过创新技术，专注于高品质肉类生产，提供安全美味的优质食品。而优衣库、无印良品、名创优品等品牌零售商，则通过强大的设计和供应链能力，为市场提供质优价廉的产品。

要保证客户体验主张的精确性，就需要把体验感和客户成本结合起来考虑，这样客户才有可能愿意为此花钱或花时间，也才有可能对竞争对手造成破坏。

3. 设计盈利模式

盈利模式是多元化的，一个企业的盈利模式通常会有很多种。虽然盈利模式的输出结果是赚钱，是为企业创造价值，但要注意的是，盈利模式的前提是要能最大化地支持客户体验主张。

以美国的旅游订房市场为例，就有 Airbnb、Homeaway、Expedia、Priceline 四家盈利模式完全不一样的平台。Airbnb 的盈利模式是房东把房屋放到网上，成交后平台分别收取租客和房东的佣金。Homeaway 和 Airbnb 一样的地方是房东也把房屋放到网上，但 Homeaway 的盈利模式是仅收取房东的广告费。Expedia 的盈利模式则是买断房屋，然后加价卖给房客。Priceline 曾被李嘉诚控股过，它的盈利模式更为神奇，除了常规的订房收取佣金，Priceline 还推出了 NYOP（自主定价）系统，能以极低的价格入住那些超豪华的酒店。Priceline 还未雨绸缪，将这个自主定价系统申请了专利，抬高了被复制的门槛和进入壁垒。

在本书的“产品体验”一章中，我们提出了微笑价格理论，并设计了一个微笑价格的曲线图。我们理解，企业未来的盈利模式应该只有这三种，即“高值低价”模式、“高值高价”模式，以及分不同客群进行高值低价+高值高价组合的“80/20”模式，除此以外，其他的模式都是跑不通的。

4. 确认核心资源和关键流程

在基于痛点的基础上提出客户体验主张，以及设计盈利模式明确企业价值后，要确认的就是价值创造所需的核心资源和关键流程。

单一的资源和流程显然是没有意义的，只有通过独特的方式把它们整合在一起，才能产生价值。对商业模式起作用的并非是核心资源或者关键流程本身，而是这两者之间的相互关系。因此，企业必须要把核心资源和关键流程整合在一起，成为一个优质高效的总成，构建起企业的核心竞争力，帮助客户圆满完成工作。

在这方面，像海尔的“人单合一”，以“人”为主体，直接聚焦“员工”；华为的 IPD（集成产品开发），降低研发和产品成本，普遍提高产品质量；韩都衣舍的“产品小组制”，以产品小组为核心的单品全程运营体系（IOSSP），实现以核算作为衡量员工贡献的重要指标，这些都是企业核心资源和关键流程相互耦合的成功案例。

把体验思维融入组织的心智

对于企业来说，最重要的是什么？有人说是客户，这是对的；有人说是品牌，这也是对的；有人说是员工，这也是对的。但是，是什么吸引和打动客户？是什么让客户自发地推荐？是什么让品牌保持年轻化？是什么让员工敬业工作？归根结底，是你提供的体验，那些积极的、成功的体验。

但大多数的企业还只是将客户体验视为一个计划而不是目的，将这个重大的“使命”分配给几个员工，而企业的其他成员则依旧关注其传统的业务指标。如果体验仅仅变成已有流程中“粉饰”的工具，显然是无法带来更大范围的影响和创新的。

显然，只有将体验真正上升到战略层，将客户、员工、内部运营体系和外部合作伙伴等复杂而又相互依存的系统有机组织起来，绘制出广阔的客户生态系统，才能打造出卓越的客户体验。

建立体验思维

我们接触过大量的企业，一个最大的感觉就是大家对体验的重视度还不够。以生产型企业来说，利润基本都很薄，他们甚至会问：今天做客户体验优化，能保证明天挣到更多的钱吗？

传统的企业，决定资源分配和策略重点的人往往距离客户太远，基本上没有与客户的互动，把客户体验仅仅当作短期的“标”，而不是长期的“本”。另外，由于组织架构层级太多，即使一把手重视，最终落地也是走样的。反而是那些扁平化的互联网企业，它们更加重视客户体验，成效也更明显。

体验思维是在企业和客户之间建立一个快捷通道，其核心目的是让客户对企业的品牌产生忠诚度。对于客户来说，他们并不关心你是哪个企业，他们关心的是好不好用，有没有感觉，喜不喜欢，这些体验最终形成他们对企业的品牌的认知。

建立体验思维，就是要站在客户的角度看问题，理解他们的问题是什么，什么样的价值才是他们需要的，最大限度地去帮助客户解决问题，创造客户价值，并把客户的体验凝聚在品牌之下。

大家都知道，中国的茶市场，一直存在“老大难”的问题，尽管市场总规模超过3600亿元，但600多年来，在采摘、制茶、售卖、饮茶上几乎没有质变。偌大市场极度分化，销量最高的100个品牌市场占有率加起来不到10%。整体而言，有品类品牌，有产地品牌，却严重缺乏产品品牌。

新生代的主力消费群体，他们嫌茶啰唆、麻烦、土，企业就需要对症下药，把中国茶的香气、甜度、口感保持好，把饮用过程变简单，把品牌、设计做得足够潮和酷。近年来迅速崛起的小罐茶，定位于高端商务茶，基于对分众市场的理解，通过打通各个渠道，在产品/服务、环境、传达、行为4个方面进行全局体验的规划设计，如图 6-5 所示，从多个维度连接品牌与消费者，重新定义了茶叶消费体验，取得了很好的业绩。

小罐茶的品牌价值是这样定义的：在物质层面是方便、讲究、高品质的全品类好茶，在心理层面是彰显目标客户身份、品位和价值观的道具。小罐茶与同类产品最大的区别，是“一罐一泡”，不仅好看好用，也在引导人们的行为，重新定义了品茗方式。而小罐茶体验店则是前所未有的茶店，其灵感来源于雪茄文化和酒窖设计，可以形象地理解为一座现代“茶库”，多维度地向客户提供美好的体验。

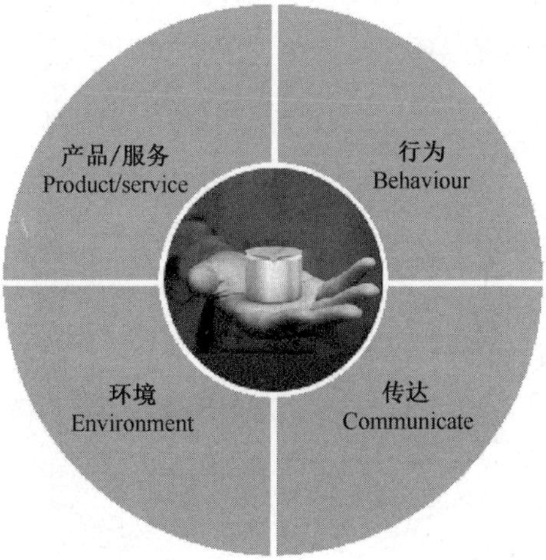

图 6-5　小罐茶的全局体验规划

资料来源：TANG

目前中国最大的茶企年营业额约为 15.77 亿元，而正式上市短短几年的小罐茶，2018 年的销售额已经突破了 20 亿元。小罐茶的成功秘诀，就是对分众市场的精准洞察和对茶叶消费体验的重新定义。

从某种意义上说，体验思维其实是定义企业的顶层设计，决定了企业本身的愿景、使命和价值观。所有的业务、产品、广告、传播、渠道都是通过体验战略来决定的，每一位 CEO 都应该先是一名体验官。

打造体验基因

在这个体验为王的时代，企业的产品是否能够成功，营销是否能够打动客户，品牌是否能够获得客户偏爱，体验成为客户评判的基本原则。产品只是体验的入口，客户实施了购买行动，一段体验的客户之旅才真正开始，整个旅途是否愉快，直接影响口碑，影响销售，甚至影响企业的生死存亡。同时，内部员工的体验，也直接决定了企业是否能够吸引、培育和留住一流的人才，是否能够打造出支撑企业持续发展的核心团队。

每个成功的企业都有着优秀的基因。在今天互联网和体验经济的场景下，企业要实现广泛连接客户，并与他们进行良好的互动，就需要把体验思维融入企业的心智，打造企业的体验基因。

我们认为，企业需要从理念、团队、管理体系、工具库、IT 系统等五个方面下功夫，才有可能形成体验的差异化，真正打造体验驱动的增长引擎，帮助企业实现持续增长。

1. 树立以客户为中心的理念

大家都说客户是上帝，但要真正把这个理念落地，需要企业的高层高度重视并参与其中，通过组织、运营、绩效考核的变革，以及清晰、一致的培训和沟通，才能改变企业传统的价值观和思维模式。

企业的每一位员工必须从根本上认可“一切为了客户”的理念，内部团队功能及流程都需要围绕“打造愉悦客户体验”来组建和管理，那些不利于客户的资源和流程要不断对其进行优化、改善，甚至将其砍掉。同时，要对那些没有达到要求的员工进行及时的培训和辅导。

2. 组建专业的客户体验团队

很显然，客户体验是一项跨职能、跨部门、跨流程的工作，不仅需要复合式的知识体系，还需要横纵向协调和沟通的各项能力，企业要通过内部培养和外部引进合适的人才，打造一支训练有素、专业性强的团队。

为推动这些机制的运行及工作的开展，企业要做好自上而下的统一及相关授权，比如成立跨部门合作的“体验项目组”，由企业高管挂帅，相关部门负责人都加入该项目组，按照每个团队的职责及分工，确定 KPI 及具体的行动计划，共同打造，高效执行。

3. 建立端到端的客户体验管理体系

高效的管理不仅要有好的体系规划、流程设计，还要有好的流程实施与评价机制，明确角色和职责对应的关键业务指标，不断发现潜在改进空间，持续不断地进行改进和优化。

很多企业的经验证明，要用最好的产品和服务设计来解决问题，而不是靠人。这里还要重申的是，企业要追求的是客户旅程全接触点、端到端（End-to-End）的改善，而不仅仅是关注某个单一的环节。

4. 建立强大的体验优化工具库

那些走在前面的成功者，往往都摸索和整理出了许多很好用的工具，可以帮助企业和管理者们更有效地打造客户体验。比如大数据分析工具，分析客户满意度驱动因素，预测客户体验反馈；数字化工具，如 App、社交软件、互联网平台等。

5. 运用更敏捷的客户体验 IT 系统

很多企业都会因为庞大的数据而疲惫不堪，不过还好的是，已经有很多基于传感器、高清摄像、大数据挖掘的 IT 系统能够提供不错的服务，包括进行实时的客户特征研究、客户行为研究，系统的客户体验评估，以及体验的规划设计、持续改进机制，基于体验的应用开发等。

体验再造：以体验为中心的重构

今天，已经不会有任何一个企业或者管理者敢说自己不重视客户体验了。大家都把体验放在最重要的位置，大会小会都在讲体验，为此还设立了专门的部门和职位，推动体验管理目标的落实。但在消费者那一端，客户却感觉不明显，体验脱节与体验失灵的情况随处可见。对比那些不断崛起的竞争对手，很多企业就像是身心俱疲的运动员，步履蹒跚，被远远地甩在后面。

这是为什么呢？因为单方面的突破是不够的。还是用运动员来做比喻吧，他们每天都要做不同负荷的各种能力训练，一流的运动员都知道，只有与运动相关的系统、器官、组织、细胞等的生理结构或机能发生适应性改变，才能直接或间接地提高比赛成绩。

企业也是如此，只有对从产品研发、测试、运营，到上市销售、广告推广、技术支撑、售后服务等的全业务流程进行优化，对企业的战略目标、组织架构等进行调整，才有可能为客户提供成功的体验。

而这个过程，就是再造，也可以理解为重建、重塑或重新定义。

什么是体验再造

说到再造，就必须要先向迈克·哈默致敬，他是企业再造之父，是20世纪杰出的管理大师。迈克·哈默对企业流程再造的定义是：由组织过程重新出发，从根本上思考每一个活动的价值贡献，然后运用现代的信息科技，将人力及工作过程彻底改变，以及重新架构组织内的各种关系。

在我们2018年出版的《体验再造》一书中，提出了企业体验再造（Business Experience Re-engineering，BXR）的概念。

体验再造是从客户体验出发，通过客户行为分析，建立客户体验地图，洞察客户的需求和痛点，然后整合企业资源，为客户提供解决方案，最终满足客户需求，持续提升客户体验的系统过程。

为了提升客户体验，在整合企业资源的过程中，也有可能需要对人员和业务流程进行彻底改变，以及重新架构组织内的各种关系。

因此，体验再造是流程再造理论的继承和发展，为了达到体验再造的目标，也需要在企业内部进行流程再造。但不同的是，这里进行流程再造的目的，不是为了提高企业的运营效率，也不是为了提高经营业绩，而是为了优化客户体验。

体验再造模型

这项关于客户体验的再造工程，无疑是庞大和复杂的。为了让工程推进得更有效率，更有指向性，我们对那些在客户体验方面的领先企业进行实地考察、总结分析，最终建立了一套体验模型，以客户体验为中心，从企业的战略、组织、产品、服务、营销和品牌六个维度进行深挖，重新构建企业价值生态，如图 6-6 所示。

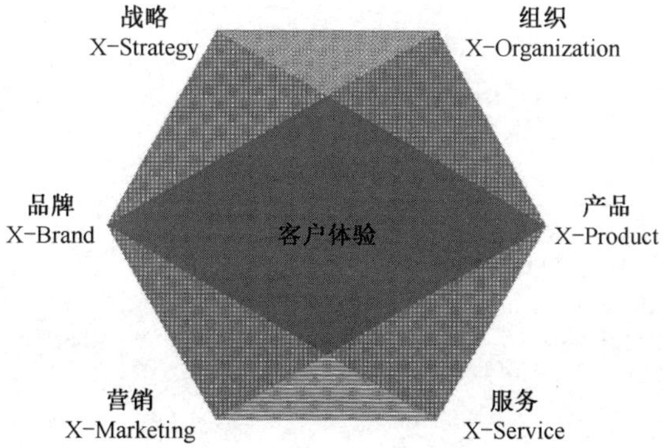

图 6-6　体验再造 SOPSMB 模型

1. 战略（X-Strategy）

一个好战略，一定是要能够清晰地回答：我是谁，我要去哪里，如何去。同时，还要能够清晰地回答：在哪里竞争，如何取胜。

作为企业的行动纲领，战略应该是最需要首先被定义的。战略体验再造，不仅要对实现战略的理念和方法，还要对企业的愿景、使命、价值观、商业模式、运行体系、激励机制、企业文化等进行全面思考，制订以体验为导向的企业总体战略，把体验置于企业的最高位置上。

2. 组织（X-Organization）

定义了企业的战略，接下来就需要组织来具体分解和执行。组织体验再造，其根本的任务是持续提升企业外部和内部的客户体验。这里所说的内部客户，除了员工，还应该包括供应链、渠道等上下游的合作方。

传统的金字塔和科层制的组织结构，肯定是需要改进的。像超事业制、流程化组织、供应链组织、虚拟企业等组织创新已经在很多的企业进行了应用和实践。现在还有专家提出平台化组织、生态化组织的概念，这些新型的组织模式，以跨部门的团队为基本单位，与客户及供应链紧密联系，扁平化，灵活性高。

提升员工体验是企业的重心工作，也是组织体验再造要重点解决的内容。今天，企业中的人和文化受到了前所未有的聚焦，这也是引领企业向体验转型的必经之道。

3. 产品（X-Product）

每一个成功的企业，都是由一系列成功的产品支撑起来的。产品是体验的入口、所有产品的出发点。企业要理解并解决客户最切实的需求，而持续的产品创新则是保持产品力的不二法宝。

随着技术的发展和市场竞争的不断加剧，产品同质化现象越来越突出，满足刚需和痛点已经成为所有产品的标配，“痒点”和“喜点”才是产品应关注的重心。如今，体验已经取代功能成为新的核心战场，产品体验再造的目标，就是要打造产品的“快感”，让企业在产品体验的战争中轻松胜出。

4. 服务（X-Service）

有服务，无体验——这是很多客户在与企业接触时的吐槽。服务体验再造，就是要从服务维度出发，全面扫描客户行为地图，分析地图热点，深入挖掘客户需求，为客户呈现一段全渠道、全接触点、美好而愉悦的旅程。

服务的一致性，是服务体验再造要重点解决的。一致性是对所有客户而言的，客户在不同场景、不同时间享受到的服务体验是一致的。可以说，企业进行体验再造，在服务维度，一致性体验是最低要求，也是最高要求。对于很多企业而言，要做到这一点，就必须常年关注流程结构和数据管理。

5. 营销（X-Marketing）

营销的本质不是销售，更不是“卖卖卖”，营销是要给客户一个消费理由。在营销不断从交易型的传统营销转向体验型的新营销的今天，作为营销人，更多时候不应该热衷于去追IP、蹭热点，而是要学会慢下来，甚至要退一步。营销人应该时刻保持清醒，认真思考怎样才能更好地与客户接触，建立起强大的品牌关系。

无论是情感营销、内容营销、社群营销、IP营销，还是跨界营销，这些都只是体验型营销的一些模式。未来的营销一定是围绕着品牌和体验展开的，营销体验再造，就是要找到最合适的产品和方法，不断打造“新品牌”和“新体验”，去满足客户需求。

6. 品牌（X-Brand）

如今的市场，产品品类之多前所未有，不只是产品同质化，品牌也有同质化的困扰。从功能属性、客户利益，到价值观的表达，品牌体验应该是品牌最合适的存在。品牌体验是指属于品牌自己的体验，是品牌区别于其他品牌的、独有的体验。

品牌体验再造，除了打造品牌本身的体验，还要用品牌连接和集成所有的体验，形成一个闭环的体验系统，引导客户对品牌产生偏心、偏爱，以及形成客户和品牌之间的依恋关系。

CXO

第7章

进阶首席体验官

2018 年 9 月 27 日，欧莱雅中国与中国青少年发展基金会共同发起的“真情互动”校园义卖 16 周年庆典在南京大学举办。全国各大高校的学生通过对欧莱雅旗下的产品进行义卖，最终募得超过 350 万元善款。这一扎根中国市场、土生土长的公益项目，16 年来累计捐赠助学金 3300 余万元，资助超过 5000 名家庭经济困难的大学生完成学业，并组织贫困大学生参与海外交流、资助学生社团开展各类公益活动。

和欧莱雅一样，不少外资美妆品牌都积极开展与女性群体相契合的公益项目，包括爱茉莉太平洋的“两癌”筛查公益项目、雅诗兰黛的“粉红丝带”乳腺癌防治项目等。

本土美妆品牌近年来也开始加码公益，虽然不比外资品牌有着长年的经验积累，但项目的设计却极富品牌特色。比如自然堂“种草喜马拉雅”公益活动，2016 年携手环保部中华环境保护基金会，成立了喜马拉雅环保公益基金，致力于保护喜马拉雅生态，传播喜马拉雅之美。客户每购买一瓶冰肌水，企业就向喜马拉雅环保公益基金捐赠 5 元钱，为客户在喜马拉雅种下 3 平方米的绿麦草。2017 年 5 月，自然堂就在西藏日喀则亚东县种植了 66 万平方米绿麦草，用实际行动回馈自然、保护自然。

而丹姿推出了“甘霖计划”，电商平台客户凡购买水密码产品，也会自动捐款到基金会中，十年间一直开展为偏远地区的农村和学校修建水池、水管网和水窖，捐赠直饮水机及净水器具等与水资源保护相关的行动，已惠及城乡居民及学生近 10 万人。

公益或能带来效益，这是大家都有共识的。一个企业真正投身公益事业，就会带给社会正能量的影响，最终能影响消费者的情感认知，提高品牌的美誉度，以及提升客户的购买意愿，尤其是那些客户参与度比较高的公益项目。

站在未来，思考未来

加拿大总理贾斯汀·特鲁多在 2018 年的世界经济论坛上说："变革的速度从未如此之快，但永远不会如此之慢。"

为了跟上消费者习惯的不断变化并承认客户的重要性，企业需要关注并衡量人们对其产品和品牌的体验。未来没有线上线下之分，只有品牌和体验之分。以人为中心、高性价比的产品、便捷的购物方式、舒适的购物体验，应该是每个企业永恒的追求。

在产品相对稀缺的阶段，以及增量市场中，常常会出现一夜暴富的神话。尤其是在传统媒体为王的时代，很多企业购买大量报刊版面和电视广告时段，大规模投放广告，通过信息不对称实现销售。

但互联网和社交媒体的兴起，使得信息获取方式及交易渠道发生了根本性的变化，客户的购买决策越来越取决于其他消费者的体验和公众的评价。一个企业是否很好地承担社会责任、成为社会的一分子，以及是否真正融入消费者，与人们近距离交流互动、传递美好体验，并成为人们日常生活场景的一部分，决定了企业是否能够继续成长。

我们把这称为企业的社会化和社区化。像欧莱雅、自然堂、丹姿等美妆品牌的公益项目，虽然本质上是品牌的公益营销，但也是企业社会化的一种表现。从企业的成长路径来看，从商业化走向社会化和社区化是必由之路，如图 7-1 所示。

图 7-1　企业的成长路径

社会型企业

随着产能过剩和市场竞争的加剧，客户的选择越来越多，企业的社会价值便成了企业之间竞争的关键要素。一个企业是否承担了相应的社会责任，逐渐成为客户选择接受某一家企业的前提。

这就是我们所说的社会型企业。所谓社会型企业（Social Business），是指以社会利益为目标的营利企业，其营利不全是为了出资股东，更是为了提高竞争力、扩大服务范围、永续经营。

作为一个社会型企业来说，合规经营、不作恶是底线。近年来，有不少企业就是因为推卸社会责任、挑战底线，付出了沉重的代价。比如三鹿奶粉的“三聚氰胺”事件、长生药业的“假疫苗”事件、百度的“血友病吧”和“魏则西”事件、滴滴的“顺风车”事件，让企业经历了股价跳水、市值骤减、业绩下滑，在舆论上被“人人喊打”，甚至是关门倒闭的惨痛教训。

大家都知道，企业之所以得以存在，是能为社会提供解决某种需求的产品或服务，所以企业一定是社会的一分子。如果脱离了社会服务，企业也就没有了存在的意义。一个企业，只有和国家的战略契合，与百姓的需求契合，并不断创新，才能赢得越来越高的社会价值，也才有可能拥有更加广阔和长远的发展前景。

一个伟大的企业，不仅要提供好的产品和服务，还要让这个世界变得更加美好。说到底就是要商业向善、要社会化，用商业的手段推动社会进步，带动社会价值观的改变，让企业从变得强大，到走得长远。

社区型企业

对于一个客户、一个具体的消费个体来说，企业更多时候是没有体验感的。或者说，企业给到的体验大多是常规的、可预见的、没有温度的。尤其是对有些企业来说，它们之所以提出社会责任的重要性，是因为社会、目标客户群体有这种要求，企业实际上是被动地承担，而非自觉主动地为客户带来积极的体验。

只有企业走到客户身边，融入客户的日常生活，扮演某一带来温暖的角色，才会让客户真正地接受和认同。从这个层面来说，未来真正占据市场和拥有客户忠诚度的，一定是社区化的企业，具有社区的属性。

苹果公司从 2015 年开始大力推广的“下一代”零售店，其实就是苹果社区化的表现。比如苹果的天津恒隆广场店，过去以互动为主的产品体验区现在只占零售店中很小的一部分，店内设置了互动陈列区及讲座、论坛、演出、企业咨询与培训等区域，苹果公司此举不仅是在升级零售店的设计，也是在扮演更重要的社区角色，为客户们提供教育与娱乐服务。在产品体验之外，把品牌植入客户生活的场景中，与客户随时随地关联，为品牌的使用者和购买者提供更好的体验，而非直接的售卖，这些成了如今苹果零售店更重要的使命。

这里说的社区，不是物理空间上的社区，更不是互联网网站上的社区，而是由利益相关者通过线上线下组成的，有共同的价值观、互动紧密、追求利益平衡和谐的生态系统。也可以这样理解，社区是新消费时代企业与客户间的一种新的共生关系。这里说的利益相关者，包括企业、客户，以及内部员工、供应链、渠道商、政府和社会公众。

今天大家在讲的新零售，实际上也是社区型企业。比如盒马鲜生，它在官网对自己的定位是：盒马希望为客户打造社区化的一站式新零售体验中心，用科技和人情味带给人们“鲜美生活”。盒马鲜生提到的社区化，不仅仅是物理空间的社区，还是心理上的社区。盒马鲜生将线上 App 和线下门店结合起来，为客户提供高价值的产品，同时线下门店的餐饮区和超市区相互嵌入和衔接，就像一个大社区。

毫无疑问，相比一般性的企业，社区型企业深入客户的日常工作和生活场景，构建了一个和客户紧密连接的生态系统，亲切、温暖、人情化、三观一致，有着更好的客户体验感和价值认同，从而使得企业的营销活动具有更强的势能。

站在未来，思考未来。在这个充满不确定性的新营销时代，唯一确定而且真实可靠的来源是客户。未来的企业，应该是完全融入消费者，聆听客户诉求，与客户一起共创、共生、共赢的，而社区型企业，应该就是企业可持续发展最好的成长方向。

实境体验：最佳体验方法论

企业最核心的竞争力，在于对客户的洞察、理解、获取和价值体现上，而所有这些的核心就在于是否能为客户提供最佳的体验。前面我们所说的社区型企业，它们之所以发展迅速，就是通过持续优化客户体验，建立起了企业可持续和难以被模仿的核心竞争力。

今天的中国，已经是世界第二大经济体和最大的市场，但在客户体验方面还存在着较大的空白，大部分的企业和机构，还停留在产品、技术和营销理念的层面，没有真正形成客户导向和以客户体验为先的理念，更没有形成客户体验管理的能力与体系。当然，这也是很多新的企业和品牌能够弯道超车的机会。

体验创造客户价值

客户的本质是能给企业带来价值的主体，要让客户给企业带来价值，企业首先要给客户带来价值，这种价值的交换和双赢是现代企业管理的基本逻辑。

客户对企业的产品或服务的使用和消费过程，本质上是一种产品或服务的体验过程。今天的客户，他们不再只关注价格的低廉或者技术的先进，而是更关注在产品或服务的使用过程中的感知和体验，以及给客户的工作和生活所能带来的实际的价值。因此，企业的客户理念必须要从过去的价格导向、性能导向、品牌导向等传统导向转向体验导向和价值导向，为客户提供与众不同的最佳体验，并带来满足其需要的价值，实现真正获取客户。

现代型的企业和组织具有开放性的特点，企业的经营与发展日益受制于越来越多的内生和外部因素，企业与这些主体交互的过程，也是企业实现价值的必要过程。因此客户的定义需要放大，任何给企业带来价值的主体都是广义上的客户，如购买者、使用者、企业员工、政府机构、供应商、媒体等。企业只有不断优化不同层次和不同方面的客户体验，才能真正形成可持续的、不可复制的核心竞争力。

实境体验法

很多企业过于追求市场占有率和客户的数量，却忽略了对客户价值的深入挖掘和提升，导致客户基数大但客户价值小的情况。因此，企业管理者的任务是要研究、分析客户需求，设计、改进产品和服务模式，挖掘、提升新客户和存量客户的价值，增强对客户的吸引力，提高维系能力，增强客户黏性，提高客户活跃度，刺激客户购买，从而最大化地提升客户价值。

提升客户价值最有效的方法，就是亲身去体验，也就是所谓的“实境体验”。在对目标产品或服务的客户进行精准洞察的基础上，全面地定义和设置客户关键体验点，通过专业人员或目标客户在真实的场景下实际使用产品和服务，了解客户对产品或服务的体验，进而优化产品和服务，如图 7-2 所示。

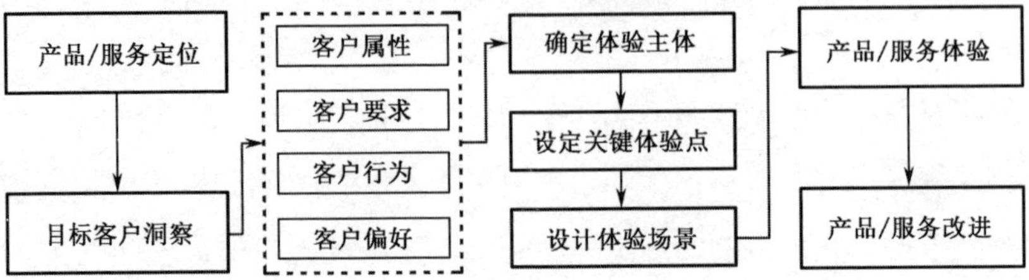

图 7-2　实境体验法流程图

资料来源：莱恩克

体验的主体决定了整个体验过程的效果。我们建议，可以邀请客户体验方面的专业人士、行业专家、分群目标客户，以及实际的使用客户来进行实际体验，以保证体验范围的广度和体验主体的多元化。

客户体验优化

通过实境体验法改善和提升客户体验，让客户感动而不只是满意。优化客户体验除了对产品体验和服务体验进行改进，还需要从营销和管理两个角度去开展工作。

1. 产品体验优化

真正有竞争力的产品，不一定是最先进、最高端的产品，而是能让客户在产品使用过程中体验良好且能带来价值的产品。企业需要改变产品导向或营销导向，从关注产品升级为关注产品体验，去努力优化产品的每一个细节。比如：

- 易用性；
- 友好性；
- 领先性；
- 吸引度；
- 价值创造；
- 可推荐性；
- 稳定性；
- 可获得性；
- 问题解决。

2. 服务体验优化

企业需要开发一整套服务体验探测与优化的方法、标准和流程，帮助整个组织全面、准确、深入地了解服务和改进服务。比如：

- 响应速度；
- 印象建立；
- 需求满足；
- 服务态度；
- 专业性；
- 可信度；
- 问题解决；
- 仪表礼仪；
- 应变能力；
- 客户关怀。

3. 营销体验优化

营销本质上是企业的产品或服务与客户之间的一种沟通和互动，而不仅仅是一种单向的宣传或推广。因此，能否在营销的过程中关注客户的感知和体验，决定了营销推广的方向是否正确和效果是否理想。

1）营销前体验

- 媒介偏好；
- 创意偏好；
- 诉求偏好。

2）营销后体验

- 本地化；
- 客户到达率；
- 客户记忆度；
- 感知美誉度；
- 营销影响力；
- 传播与推荐。

4. 管理体验优化

员工是企业最大的“内生客户”，一个以人为本的企业，需要努力优化员工体验，从而提升员工的满意度和工作效率。

1）员工与企业整体之间的管理体验优化

- 被关心；
- 平等性；
- 激励性；
- 清晰的指示；
- 明确的分工；
- 被尊重。

2）员工与企业其他员工之间的管理体验优化

- 良好的个人关系；
- 能够被理解；
- 有力的支持；

- 更少的冲突；
- 良性的竞争；
- 得到帮助。

如何进行客户体验度量

为客户提供更多、更好的体验，已成为越来越多企业的共识。随着客户行为和需求的快速变化，很多企业都认识到全面的体验战略对推动企业成长的重要性。

但对于企业的管理者来说，如果没有办法对客户体验进行度量，不能全面准确地了解客户对于企业产品、服务及品牌等的整体体验度，那想要提升客户体验，肯定是缺乏目标的，是盲目的。然而，体验是客户的纯主观的感受，因此要准确度量是比较困难的。构建客户体验框架和论证客户体验投资回报率，是当前面临的两项最大挑战。

作为企业的客户体验领导者，如何才能制订有效的客户体验历程图？如何才能实施正确的数字化投资，促成产品、运营、营销和销售等环节以客户为中心进行转型？最重要的是，如何“度量”客户体验的成果？如何确保企业董事会同意策略？

关于客户体验度量，现在业内普遍是通过分析客户的行为和态度来进行的，如图 7-3 所示。

以一个企业的网站来说，在行为的度量上，往往度量的是访问量、日活/周活/月活、同时在线数、转化率、留存率等指标；在态度的度量上，则往往度量的是满意度、净推荐值等指标。

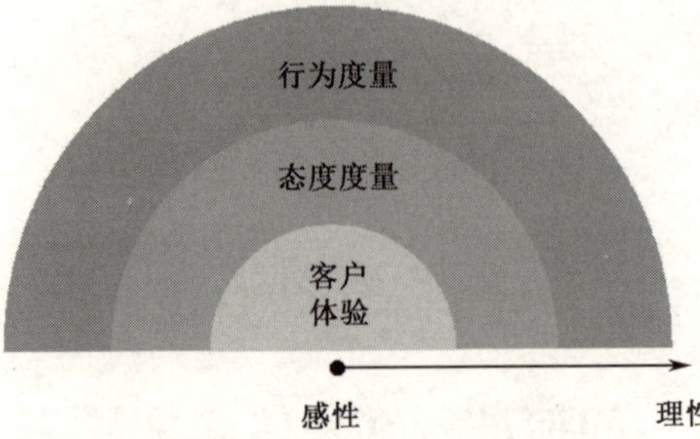

图 7-3　客户体验度量模型

可以看出，基于行为的度量是理性的，很容易度量，但离真实的客户体验很远；基于态度的度量是感性的，不容易度量，但离真实的客户体验很近。因此，企业要对客户体验进行准确的度量，就应该从态度度量指标入手。其中，比较常用的指标有 CSAT、CES 和 NPS 这三种。

客户满意度（Customer Satisfaction Score，CSAT）

客户满意度，大家应该都很熟悉，是一种最常用的度量指标，用于跟踪客户对品牌的产品或服务的满意程度。企业可以采用问卷调查、客户访谈、座谈会和换位体验等方式来进行客户满意度调查。

客户满意度一般是要求客户评价对特定事件或体验的满意度，通过五点量表来分析。典型的调查如下：

您如何评价对××产品/服务的整体满意度?

□非常满意（5）

□满意（4）

□一般（3）

□不满意（2）

□非常不满意（1）

最终，用满意客户数量（5+4）除以调查数量，就可以得到满意客户的百分比。

客户费力度（Customer Effort Score，CES）

客户费力度是一项单项指标，用于衡量客户为解决问题、完成请求、购买或退回等需要付出多少努力。通过专注于减少客户的费力度，可为客户创造更好的体验。

比如企业可以做类似的调查：

在 1~7 的范围内，您觉得费了多大的劲儿才得到想要的服务？

于是，就可以得到一个客户费力度的平均数。

客户费力度是一项易于部署和跟踪的简单调查，最适合衡量客户忠诚度。但客户费力度并不能提供完整的信息，通常建议将其和净推荐值一起配合分析。

净推荐值（Net Promoter Score，NPS）

净推荐值由贝恩公司创建，贝恩公司还把 NPS 注册为商标。净推荐值应用得非常广，被视为客户体验的最佳评价指标。

NPS 通过测量客户的推荐意愿了解客户体验。方法也很简单，只需要问客户一个问题：您是否愿意将××品牌或产品推荐给你的朋友或同事？然后让客户在 0~10 分之间进行打分，如图 7-4 所示。

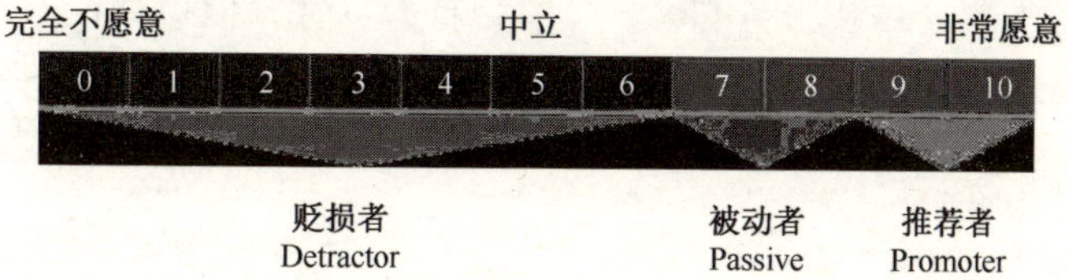

图 7-4　NPS 系统

- 推荐者(9～10 分)：是忠诚、热情的客户，他们将持续购买产品或服务并将其推荐给他人；
- 被动者(7～8 分)：是满意但不太热情的客户，他们可能会随时准备离开；
- 贬损者(0～6 分)：是不满意的客户，他们不太可能再次购买，甚至会传播负面口碑，阻止其他人购买。

NPS 在 50%以上说明客户对品牌的体验比较满意；NPS 越高，说明品牌拥有越多高忠诚度的客户；而 NPS 打分在 9～10 分的客户，就可能是品牌的超级客户，也就是我们常说的粉丝。

可以看出，NPS 是一个相当苛刻的指标，如果品牌体验不佳的话，很容易就得到一个很差的 NPS 结果。

“5 度”客户体验评价

在体验度量方面，互联网企业是做得比较领先的。比如阿里巴巴 1688UED 团队，就建立了一个“5 度”模型，围绕客户旅程和客户体验周期，从吸引度、完成度、满意度、忠诚度、推荐度这 5 个维度来对客户体验质量进行评价，如图 7-5 所示。

在“5 度”模型中，分触达、行动、感知、传播、回访 5 个阶段，每个阶段用不同的指标来进行度量，每个指标下面又由很多数据指标来综合评价。比如感知阶段的满意度指标，就包含了操作容易度、布局合理性、界面美观度、表达内容易读性等各方面的评价。

当然，不同产品和服务的客户体验目标有共性，但也存在差异，企业应该根据自己企业的产品和服务的特性，以及具体目标，来设计客户体验细节评价的微观指标。

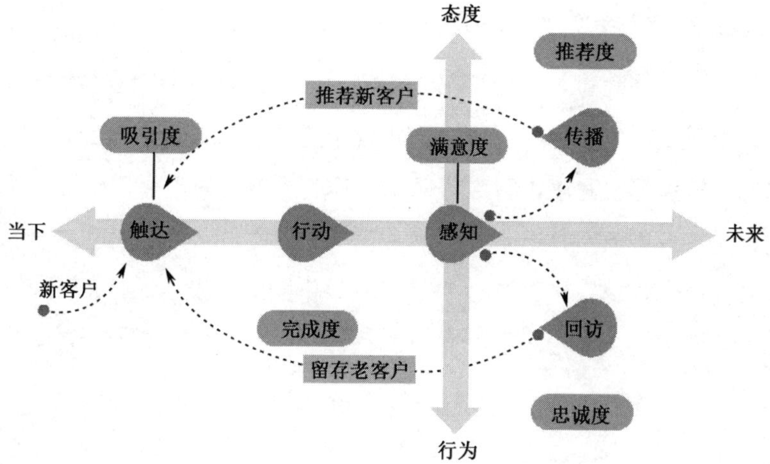

图 7-5　“5 度”客户体验评价模型

资料来源：阿里巴巴 1688UED

体验度量的 3 个关键词

在客户体验度量中，还需要强调以下 3 个关键词。

1. 目标客户（Target Account，TA）

TA 是指最直接的受众客户。如今市场的划分越来越细，企业只有确定了消费群体中的某类目标客户，才能有针对性地展开体验并获得成效。必须记住，体验的目标是 TA，否则再多的动作都是无效的。

2. 关键体验（Key Experience，KX）

改善和提升体验肯定是有成本的，在全接触点的体验中，要学会找到那些关键的节点，进行核心的体验设计。企业以客户为中心，但也不是完全盲从于客户，毕竟企业才是所在领域的专家，因此在充分考虑体验的同时，还要学会分析，要有自己的坚持。

3. 反馈和响应系统（Feedback and Response System，F&R）

在整个客户体验管理中，绝对不能漏掉实时的反馈和响应系统，很难想象企业想方设法得到了客户反馈，却不了了之的后果。很多企业在这方面都有严格的考核监督，对反馈时限等做了具体的规范约束。

尤其是在人人自媒体的今天，企业需要对网络和社交媒体进行监控。很多客户会在社交媒体、电商平台、第三方评价网站上表达了他们的挫折和赞美，企业应该去关注并给予及时回应。

如何做一个可扩展的 CXO

传统意义上的管理，是通过计划、组织、控制、激励和领导等方式来协调内部的人力、物力、财力资源，以期达到企业设定的目标。体验经济时代的到来，对管理者的素质提出了新的要求和挑战。

前面我们就说过，作为企业的体验管理第一负责人，首席体验官有 4 项基本工作职责，分别是管理和提升客户体验，打通产品、技术、服务和市场，设计和优化运营机构，推动建立体验型企业文化。这就要求首席体验官要具有比较强的可扩展性，需要从软实力和硬实力上下功夫。

扩展性并不是什么新名词，在产品和软件设计领域中，可扩展性是设计的一个基本原则。不过，这里不是讨论技术层面的扩展性，而是说在新的管理语境下，首席体验官如何从自身做起，面对外部的客户和内部的员工，更好地满足他们的体验需求。

身为管理者，就要不断提升自己的业务水平，这样才能被自己的下属所信赖。这里，我们针对 CXO 的基本素质、能力建设和管理方法，提出一些建议，希望能帮助 CXO 提升自己的人格魅力、领导能力和管理能力。

CXO 的三个特性

一个优秀的 CXO，应该具有柔性、韧性和调性。

1. 柔性

柔性应该是每一个体验管理者的基本素质，既能完全从客户角度出发，感知、洞察客户需求，也能很好地与业务团队融合，保持乐观，喜欢与团队分享，善于沟通和表达。《道德经》中说，上善若水。柔性的 CXO 就像水一样，务实透明，值得大家信任和支持。

2. 韧性

成功贵在坚持，尤其是碰到资源限制或技术瓶颈时，抗压力就凸显出来了。优秀的 CXO 都很坚持，他们对品质、技术、创新不懈追求，在他们那里找不到放弃这两个字。

3. 调性

CXO 承接着对内和对外的沟通，某种意义上是品牌体验代言人，因此正能量的人格魅力、丰富的文化内涵非常重要。CXO 应该不断学习，把握行业趋势，甚至成为某一领域的专家。

CXO 的四项能力

CXO 要具备的能力很多，有技术、营销等各个专业层面的，这里说的主要是管理能力，包括洞察力、执行力、连接力和自控力。

1. 洞察力

洞察力是深入发掘事物或问题的能力。洞察力是一种分析判断能力，具有洞察力的领导者，能透过表面现象比较准确地认识到问题的本质及其内部结构。

2. 执行力

执行力是有效利用资源，完成任务的能力，或完成任务的程度。对于 CXO 来说，执行力就是领导团队一起完成任务的能力。要注意的是，如果一个管理者经常说你的手下执行力不行，其实反过来要看是不是你自己的问题，你的组织是否到位，要求是否具体，目标是否清楚。

3. 连接力

产品的连接形成了产品的美好体验，人也是如此。我们这里说的连接力是与他人建立和谐关系的能力，包括沟通、合作、共赢等。实现客户需求，需要跨部门跨专业的协调组织，很多时候，CXO 的连接力直接影响到战略实施和流程优化的成效。

4. 自控力

CXO 不光要管理好团队，更要管理好自己，尤其是面对诱惑和拖延症的时候。CXO 都有超乎常人的自控能力，比别人更有激情、动力和能量。而且还要看到，CXO 的工作非常烦琐，甚至会有许多和自身工作无关的事务来干扰正常工作，这个时候，自控力的高低就会直接影响到个人工作的成效。

CXO 的五种方法

每个优秀的企业都有一套实现显著、持久业绩的经营哲学和管理方法。优秀的 CXO 自己也有一套行之有效的方法论，如果说 CXO 的三个特性与四项能力是软实力的话，那么精准定位、系统构建、流程再造、体验式营销和团队打造就是 CXO 的硬实力了。

1. 精准定位

比较经典的定位理论是 STP 市场细分理论，很多企业在这方面做了很好的应用实践。CXO 要结合市场趋势和企业资源，抓住客户需求，定义产品和服务，为企业找准一个可以持续发展的位置，并制订清晰的战略和策略，领导企业稳步前进。

2. 系统构建

企业是基于系统运行的，除了构建科学完善的组织系统、运营系统，还要构建行之有效的驱动力系统，比如制度、薪酬等。在各个系统良性的互相耦合、驱动和支撑下，才能保障企业的高效运转。

3. 流程再造

流程是系统运行的价值链，CXO 不可能关注到每个环节，只有通过流程优化，甚至是流程再造来提升管理效率，保证质量，满足市场需求。当然，再造的这个过程肯定是异常艰难的，CXO 要有一套系统的方法。

4. 体验式营销

这是一个体验的时代，优秀的 CXO 都了解营销的基本理论和策略，清楚营销的核心环节，也善于从体验的角度去思考产品、服务、品牌、渠道等关键要素，通过体验型的新营销影响客户，吸引客户购买，建立客户关系的强连接。

5. 团队打造

CXO 领导力的核心是团队凝聚力，江山不是将军一个人能打下来的，只有打造一支高水平的团队才能实现经营管理的目标。科学合理的绩效管理，创新和微创新的激励机制，员工归属感和获得感的建立，吸引和培育人才的体系等，持续打造成功的团队，也是每个 CXO 必须修炼的。

缔造一支卓越的体验管理团队

企业要想在激烈的市场竞争中立于不败之地，获得持续健康的发展，打造卓越的团队是非常关键的。陈兆杰在《重塑领导者》中谈道：企业的失败20%是企业家错了，因为他们的战略错了；80%还是企业家错了，因为他们没有建立和培养一支强有力的管理团队。

一切战略的落地都需要有团队来强有力地贯彻执行。中国有一句老话：兵熊熊一个，将熊熊一窝。时至今日，这种理念已被颠覆，原因是现代社会更多的事情要依靠团队作战来取胜，而团队成员的素质、执行能力，在很大程度上是决定团队能否取胜的关键，一个“兵”也可能影响整个团队的胜负。我们说，客户体验是一个旅程，在客户旅程中，任何一个环节出问题，都会让所有努力付诸东流。

卓越的团队，其特点是目标清晰，行动迅速，完成任务前后对比效果显著，团队成员之间相互信任、沟通良好、积极协同。这样的团队，无疑是所有管理者梦寐以求的，那如何缔造呢？

寻找 A+人才

什么样的团队才是卓越的团队呢，其中有很多的因素，比如完美的战略、明确的目标、健全的制度等。但更重要的是，一个卓越的团队要有卓越的人才，也就是说，团队中的每个成员无论是能力还是素质，都应该是一流的。

作为管理者而言，寻找优秀的人才，尤其是 A+人才，是缔造一个卓越团队的前提。

什么是 A+人才？“跟我学”创始人陈向东有一个很好的定义，他认为A+人才就是善良的、阳光的、自然的、自驱的、打赢过若干胜仗且自信的人才。

更多时候，A+人才是无法“空降”的，需要企业自己培养。因此，管理者需要重视团队成员的发展，经常进行必要的培训，增强成员对团队的认同感，并为大家提供施展才能的舞台。

药明康德是全球领先的制药、生物技术公司。对于药明康德来说，人才是最宝贵的财富，药明康德一直坚持构建精英团队、充分信任和尊重人才。为此，药明康德还专门设立了“A+绩效杰出员工奖”，为有梦想、有驱动力、热爱学习、创造价值的优秀人才提供更多的机会。在药明康德，“A+”就是优秀的象征，它意味着当选者是全球近两万名药明康德同事中最顶尖的人才。

提升团队绩效

彼得·德鲁克说过：没有利润，就没有企业。一个企业如果没有利润，就不可能维持下去。对于企业团队来说，利润就是绩效。企业的利润从哪里来呢，只有管理者和团队成员一起努力拼搏才能获得。

很多时候，条件差、员工素质低并非是造成业绩不佳的首要因素。团队绩效的提升，关键在于管理者。在企业中经常有这样的情形：管理者一年到头忙得四脚朝天，但团队绩效却很差。这说明管理者的工作没有做到位。成功的关键在于建立起一支高效协作、充满激情和斗志的团队。

在一个团队中，由于各成员的能力和素质良莠不齐，直接导致了各成员间业绩的好坏。管理者需要花一些时间对能力弱、业绩差的员工进行培训和指导，帮助他们不断提升业绩。如果这些团队成员都能改变现状，使能力由弱变强，业绩自然就会提升上去。当然，必要的新陈代谢是需要的，这个新陈代谢对团队的成长非常有帮助。

激励是提升团队绩效的有效方法，尤其是对优秀者不要吝啬。不过要提醒的是，在各种激励手段中，使用物质激励要小心。毫无疑问，物质激励是有效的，但是物质激励就像给员工提供的所有硬件设备一样，它失效的速度非常快，而且在某些层面上容易产生反作用，比如金钱至上、享乐主义等。

打造团队精神

一个企业的强大，其根源不仅仅在于员工个人能力的卓越，还在于员工整体合力的强大，以及那种弥漫于企业中的无处不在的“团队精神”。时代需要英雄，但更需要优秀的团队，只有优秀的团队，才能使一个组织、一个企业、一个团队朝着更高、更远的目标不断迈进。

谈到团队精神，就不得不说华为。华为从一家名不见经传的小企业快速发展成国际型大企业，被外界誉为中国的黑马企业及未来最有价值的科技型企业，华为的团队精神和崇尚“狼性”文化是功不可没的。在《华为的团队精神》一书中，对华为的“狼性”团队和“狼性”精神进行了剖析，包括奋斗、敬业、牺牲、进取等。再强大的动物，也难以招架狼群的攻击，因此，华为团队精神的核心就是团结、互助。

绩效是团队精神的基石。有人可能知道，华为的绩效管理是很残酷的，在华为，A 和 B+中间看起来只差一个档次，但奖金的差距却可能是一辆豪车。所以，在华为绝对没有“大锅饭”，绩效档次拉得很开。

管理的 3 个基本原则

缔造一支卓越的体验管理团队，要做的事情太多，我们在前面的“员工体验”一章中也有很多讲解，这里再说一下体验管理中的 3 个基本原则。

1. 闭环管理

闭环是管理的一个基本原则。以一个部门负责人来说，他应该起到承上启下的作用，他要让上级知道他要去做什么，也要让下级知道他正在做什么。

闭环非常重要，这说起来是一件很容易的事，但实际中能做到这一点的人非常少。因此在管理中，需要强化闭环意识，明确职责，比如什么事情由哪个部门或哪个员工去办；按照什么标准去办；什么时间完成；结果如何；存在什么问题或取得什么经验等。同时，还要严格考核，让闭环管理与经济责任制挂钩。

2. 谁难受，谁推进

在企业里面，经常会涉及跨部门和跨团队的合作，尤其是客户体验的改善和优化，更是需要各个部门的通力协作。但这些跨部门的合作中，经常会出现一些空白地带，大家都以为应该是对方的事情，最后反而没有人去推进。

因此，企业需要形成“谁难受，谁推进”的原则，就是说如果你觉得这件事情不做的话，你会比较难受，那你就应该主动去推进它。这样对于整个团队的合作，对于把事情做成，是非常有意义的。

3. 承诺就要兑现

企业的管理者总喜欢谈诸如使命、愿景之类的话，给员工承诺一个未来。这是一个管理者要做的工作，管理者犹如船长，如果不能给船员指明方向，并给他们承诺一些东西，是很难让别人跟随他的。不过，承诺一个愿景容易，要实现这些承诺，就不是那么容易的事情了。承诺无法实现，往往会使一个组织丧失信用。

对于企业来说，兑现承诺是战略落地的过程；对于一个团队来说，兑现承诺就是把愿景转化为行动。既然做出了承诺，就要兑现承诺。无论是对客户，还是对员工，兑现承诺远比作出承诺重要得多。

招聘和培育 CXO 的角色

体验就是一切。虽然在企业里面，提供所有接触点的美好体验是每个部门和成员的责任，但首席体验官（CXO）是将这些体验集成在一起的领导者，是企业创新的倡导者和变革的推动者。CXO 直接领导、负责组织创建跨越客户和员工的全接触点的体验，从传统到数字，从产品到服务，从客户到员工，用一个统一的声音说话，保证体验交付的质量和一致性。

CXO 的招聘

我们注意到，在过去的十多年中，成百上千的企业设置了 CXO 的高级管理职位。不同的企业，CXO 的关注点有所不同，像 IT 公司，它们主要关注用户体验；生产型的企业，主要关注产品体验；而服务型的企业，则更加关注客户的整个旅程。

从不同企业的招聘信息中，我们可以看到大家对 CXO 这个职位的理解，无论是岗位职责、任职资格，都有很大的差异。

1. 某银行信用卡中心首席客户体验官招聘

以下是某银行在官网上发布的招聘信息。

1）岗位职责

- 创造最佳客户体验：带领团队，细分市场，找到最有价值的客户群，通过搭建系统化、专业化的客户体验体系，在全价值链创造最佳品牌体验；

- 实现跨流程体验支持：善于结合市场需求和内部资源，擅长内外部沟通协调，跨部门打通产品、技术、服务、市场等各个连接用户的通路，设计跨部门的产品和服务流程，形成对用户需求的及时响应和支持；
- 推动建立体验型企业文化：不断创新提升客户体验的企业文化氛围，促进形成企业员工“体验至上”的心智模式，形成认同感，从而保证企业核心竞争力稳步上升。

2）任职资格

- 心理学专业硕士以上学历优先；
- 在用户体验相关领域有深厚的理论功底，擅长用理论结合实际业务来指导用户体验工作开展；
- 对互联网行业有深刻理解和认识，具备丰富的用户体验研究、设计及实施经验；
- 具备财富 500 强企业、互联网领域上市公司跨部门管理及运营经验优先。

2. 某知名控股集团有限公司首席体验官招聘

以下是某企业在前程无忧招聘网站上发布的招聘信息。

1）岗位职责：用户体验及数据分析方向负责人

- 围绕产品展开用户体验相关研究，以提升用户体验水平，从而提高用户黏性；
- 负责服务全流程优化及体验，通过多种方式获取用户对产品及服务的体验，并提出优化建议，以用户思维对用户体验涉及的各个环节进行流程化梳理及运营管理；
- 负责通过行业及产品研究、竞品服务研究、各项数据分析研究、用户调查等方式，定期形成用户体验提升报告并推进落地实施；
- 负责调研项目的需求接洽、研究设计、数据收集和分析、报告撰写、报告陈述和推进落地实施等工作。

2）任职资格

- 数据、心理学、社会学、市场营销等相关专业本科及以上学历；
- 热爱用户体验研究，并有10年及以上用户体验研究工作经验，能准确洞悉市场，分析研究产品需求，并制订产品开发战略，具备知名产品的体验研究经历者优先。

企业的人才招聘工作，是和企业当下的人才需求与未来的人才储备分不开的。因此，CXO的招聘条件，从某个角度也反映出企业工作的重心和对人才的认知。

从技能上来说，作为企业体验管理的最高领导，CXO要有营销和技术方面的扎实功底，比如设计思维、基础的计算机应用能力、创意能力和执行能力等。我们说，体验是商业竞争的基本单位，而品牌是体验的连接器，CXO除了管理客户对品牌的体验旅程，更重要的是要能丰富品牌形象，以及为品牌增加有意义的价值。

持续发展的数字化，把越来越多的权力放在了客户手中，企业未来最大的挑战，就在于是否能够理解不断变化的客户需求、满足客户需求及超越他们的期待。这也是企业开始设置CXO职位，以及具有CXO能力的人才越来越受到重视的原因所在。

CXO的培育

除了通过外部招聘，实现人才"空降"，更务实的方法是企业自己进行CXO方面的人才培育，缔造卓越高效的管理团队，比如首席体验官、体验管理经理、行业专家、生态系统研究员、设计师、外聘顾问及体验导师等。

1. 首席体验官

企业可以根据自身情况设置体验管理的高级职位，比如产品体验官、客户体验官、品牌体验官和员工体验官，也可以设置更高级别的首席体验官，统领所有的体验管理。

首席体验官这个角色，可以由企业负责营销或技术的副总裁，或负责产品、客户等部门的总经理来担任。有些企业会把体验设计师放在这个岗位上，让其来负责执行领导工作，这是错误的做法。首席体验官是个领导职位，它并不是一个技术职位，需要丰富的管理经验和组织能力。

2. 体验管理经理

CXO 的主要任务是制订并执行高层战略，在企业层面对体验管理工作进行支持。因此，日常工作的管理和监督就落在了负责的项目经理或核心团队经理身上。

体验管理经理这个位置，要求至少掌握两方面的能力，一是熟悉体验管理工作的知识和技能；二是要在各个部门和团队之间有着良好的关系，并且能处理各种关系。另外，项目经理还需要投入比较多的时间和精力，招募和培养新员工，指导和领导老员工。

3. 行业专家

每个企业所属的行业不同，所需要的专家也不同。比如软件开发，虽然是计算机行业，但如果是开发一套客运站管理系统，就需要对交通运输行业比较熟悉的专家。

行业专家包括对某项技术或某几项技术特别精通的专项技术专家，也包括对目标客户群体比较熟悉的专才、开发实践专家、跨文化专家、富有经验的工程师等。

4. 生态系统研究员

很多的产品或服务，并不是一个人在用，而是很多人跨渠道在一起使用，很多人交织在一起，各自承担自己的角色，形成了一个非常复杂的社会和物理环境。

客户体验是一个生态系统，面对这些越来越复杂的多场景问题，就需要进行生态系统建模，去捕捉特定环境下的要素，例如情境、交流、价值、规则等。研究员从心理学、社会学等不同的方向来探究解决的方法，增强和丰富对于复杂环境的理解。

5. 设计师

在过去，设计师的工作目标是设计出实用的、有用的、好用的产品。然而在今天，仅仅完成这个目标是不够的，产品还要让客户感到舒服、愉悦，让客户觉得有美感、有意思、酷。

今天大多数的项目中，都需要产品设计和体验设计这两个方面的工作，有时还需要进行服务设计，确保客户旅程体验的一致性。因此在团队的传统设计人员中，就要加入创意、美术、文案方面的人才，大家在一起协同工作，设计出完美的产品或服务。

6. 外聘顾问

有时，企业不一定拥有强有力的团队，也不具备自己解决问题的能力，就要依赖于外聘的顾问团队。很多时候，外聘顾问是一种有效节约成本和提高效率的方法。

俗话说，外来的和尚好念经。外聘顾问作为外来者，完全是中立的，没有任何偏见，他们可以为企业内部的一些分歧提供仲裁或解决方案，同时还能让分歧双方的企业内部成员都“很有面子”。

7. 体验导师

担任体验导师工作的人，需要经常走到大家中间，为资历尚浅、经验尚不丰富的新手提供指导，评估他们的工作，以及有选择性地为一些项目提供支持。必要的时候，导师还需要为团队成员提供专业技能和工作实践上的培训和帮助。

导师这个岗位，可由企业内部技术水平很高的全科型专家来担任，也可以聘请企业外部的专家，比如高校的教师、咨询或研究机构的专家等。

全球化思维，本地化行动

说到全球化，可能很多人会觉得很远。

但事实上全球化已经无处不在，渗透到包括我们生活的方方面面。你去星巴克喝咖啡，买苹果手机，上网看新闻，家里面购置的各类电器及元器件，都是全球化的体现。而对于企业而言，从研发、原材料、设备、生产制造，到市场营销，到处都有全球化的存在。

全球化是 1980 年以来在世界范围内日益凸现的新现象，也是当今时代的基本特征。关于全球化，目前还没有统一的定义。总的来看，全球化是一个以经济全球化为核心，各国、各民族、各地区在政治、文化、科技、军事、安全、生活方式、价值观念等多层次、多领域的相互联系、相互影响、相互制约的多元概念。

全球化的意义

随着中国等发展中国家的迅速崛起，全球化的角色正在发生变化，以前全球化是欧美发达国家单边主导，现在是多方主导，从单边到多边，从单向到双向。同时，全球化的内容也越来越丰富，过去我们说全球化，更多的是从市场出发，讲贸易、进出口；当下的全球化，则涵盖了资本、技术、人才、资源、产能、渠道，以及供应链的上下游等方方面面，全球化的分工和协作越来越重要，而且是不可逆转的。

全球化，不仅是建立面向全球的资源配置和销售服务网络，企业还能通过全球的资源配置和流程优化，实现精益化运作。在全球化的视野下，更多的企业开始从生产型制造向服务型制造转变，从大而全向专而精发展，占据了价值链的最高端，实现了利润的最大化。

全球化对于中国企业的意义不言而喻，尤其是进入发达国家市场方面。首先，发达国家消费水平较高，市场需求量巨大，进入这片巨大的市场并占据一定的份额，可以为企业带了极大的收益和销售增长。其次，发达国家市场成熟、发展完善，消费者对产品质量、功能的要求比较高，也更关注品牌和产品体验，这有助于鞭策企业关注核心竞争力打造，直面市场挑战。第三，发达国家在质量、技术等方面都有严格的标准，企业的产品得到发达国家市场的认可，有利于树立公司和产品在全球的品牌形象。

当然，中国企业的全球化要面临的困难是很多也是很巨大的，不只是成本的加大，还包括当地本土竞争对手的报复、跨文化的管理、所在国的政府钳制等。

我们倡导全球化，并不是说我们的本土企业都一定要走出国门，去海外打拼，毕竟真正能走出国门的，只是我们数以千万计的企业中的佼佼者。对于我们大多数的企业来说，全球化最重要的是我们要有全球化的思维，善于使用全球化的资源，提升企业自身在软硬件技术、经营系统、供应链组织等上竞争力。

本地化的行动

我们常说：全球化思维，本地化行动。在企业的全球化中，本土化战略越来越成为企业在海外成功经营的关键因素。企业进入海外市场，要重视与当地社会的沟通，加强与当地人民的合作，有意识地提高在不同市场因地制宜的经营能力。只有植根于当地，深入理解当地需求，与当地人民构筑信赖关系，提供就业岗位、增加税收，才能赢得当地消费者的青睐，提升企业的国际影响力和核心竞争力。

现在国内微信这个软件的使用率可以说是非常高了，但很多人可能不知道，腾讯也曾经计划把这个软件推向世界，走向全球化。微信是第一款在印度发布电视广告的手机应用，刚开始时微信在印度的运营策略非常成功，在早期推广中就获得了 2500 万次的下载量，但是之后印度人开始卸载微信，微信在印度落入了谷底。微信在印度推广失败的最根本原因，就是因为微信只是把中文版进行简单的复制，而没有针对印度市场进行本地化的程序改进和运营变化。

所谓本地化，其实也就是体验思维，对于企业来说，无论是产品、服务，还是营销，本地化都是最基本的原则。

在中国手机市场，苹果、OPPO、VIVO、小米是家喻户晓的。传音，这个手机品牌可能很多人听都没听说过，更不要说购买了，但在非洲市场，传音却是名副其实的国产手机“非洲王”，传音连续几年位列非洲消费者最喜爱品牌前 20 名，传音旗下的 TECNO 传统功能机、智能机在肯尼亚、尼日利亚等非洲国家的市场份额超过 40%。传音 CEO 刘俊杰曾公开表示，传音控股称霸非洲的秘诀，就是本地化、差异化、贴近消费者需求。在传音的官网上有这样的文字：TECNO 紧跟“全球化思维，本地化经营”的理念，致力于将前沿科技转化为本地化产品。TECNO 秉承“更体验”的品牌精髓，专注于为消费者提供定制化的优质产品，丰富消费者的娱乐生活。

中国本身就是一个“全球”

我们一直说，在中国，做好一个省就相当于做好一个国家，如果一个企业能把产品从本地卖到省外那就相当于全球化，做世界业务了。我们经常和那些已经在省外开设分支机构的企业家开玩笑说，你们是世界品牌，你看，你们的产品都卖向全球了。

这个观点是没错的，当下的中国，全国人口达到 14 亿，接近世界人口的五分之一。我们看看世界其他国家，世界人口排名第 50 位的朝鲜，人口数量

2530 万；世界人口排名第 100 位的老挝，人口数量 710 万。中国人口最多的省份是广东，达 1.04 亿人，人口比较少的省份，比如海南，也有 917 万人。如果把中国的人口按省份与世界各国相比，34 个省级行政区中，有 30 个可以进入前 100 位，有 22 个可以进入前 50 位。

即便是按 GDP，以 2018 年为例，中国的国民生产总值约 13 万亿美元，世界排名第 2。对应世界其他国家，第 50 位是哈萨克斯坦，1953 亿美元，第 100 位是莫桑比克，221 亿美元。2018 年中国 GDP 最高的省份是广东，1.39 万亿美元，GDP 比较靠后的，比如新疆，也有 1653 多亿美元。按 GDP 相比，中国有 26 个省级行政区可以进入前 50 位，而其余的基本都可以进入世界前 100 位。

所以说，我们的每个企业，每个企业家，不一定说非要走出国门，才去想全球化。中国本身就是一个“全球”，大家都要用全球化的思维来考虑问题，用全球化思维定位我们的产品、服务、品牌，以及考虑如何给到客户全球化的体验。因为不管愿不愿意，你就身在这样的全球化市场里，你不主动全球化，最终面临的就是被动全球化。

很多做企业的都会有这样的感觉，虽然大家都处在国内市场，语言相通，经济一体化已无阻碍，但在实际运营中总是磕磕绊绊，难尽人意。中国的行政区域划分和政府主导的经济制度，导致各省各地区之间千差万别，再加上地方政府的保护主义，使得许多情况下国内贸易的交易成本比国际贸易还高。同时，中国地大物博，各地的产业布局、消费者文化、习俗、饮食、消费习惯等都不尽相同，如果只是简单地把在某个地区取得成功的产品和服务模式复制到另一个地区，通常都是要失败的。

而解决之道，就是建立首席体验官的思维，遵循“从客户中来，到客户中去”的基本原则，以客户为中心，发现客户的体验需求，满足客户的体验需求。

后记

新商业时代的原点

围绕企业的体验运营和品牌体验，我们先后出版了两本书，一本是《体验再造：赢得 YOU 时代的方法论》，一本是《体验感：品牌 3.0 的营销革命》。

这两本书出版后，我们收到了很多读者的反馈，大家认为通过这两本书，对企业经营和营销管理有了不一样的认识，也意识到客户体验提升的重要性和急迫性，不过对于如何在企业中进行体验经营管理的全面落实，还缺少系统的方法指导。于是，我们就有了撰写这本书的想法，力求梳理出一套体验运营和品牌体验提升的系统，在组织结构、绩效机制、贯彻体系和实施技巧等方面，指导管理者正确和高效地推动体验理论体系的全面落实。

在企业经营管理的不同时代，管理大师们都基于环境和技术的变化，着力总结了适合于当下企业经营的管理理论体系。毋庸置疑，理论体系的建立有助于规范企业管理，提高运营管理效率，使企业在运营过程中避免掉进不必要的陷阱，或走不必要的弯路，确保企业能实现低投入高产出，实现企业所追求的利润最大化的目标。

“科学技术是第一生产力”，在经营管理过程中，也必须体现科学化、系统化和先进化，不断利用最新的技术，通过过去和当下正在发生的案例，结合跨学科的最新理论，探索经营管理的最佳形式和方法，使企业能在不断地为消费者提供优质产品和优质服务的同时，在永不谢幕的竞争中基业长青，持续保持在行业的前列。

应该说，体验经济是中国国民满足基本温饱后产生的新经济，随着国民生活水平的提高，体验经济越来越成为经济的一种主力形态。一方面，人们购买和消费，越来越依赖于对体验感带来的满足感的判断；另一方面，嗅觉灵敏的商家也开始感觉到这种变化和趋势，在提升客户体验感方面进行相应投资。所以，我们看到了商业建筑空间设计的变化、产品工业设计的变化、色彩视觉的变化及服务内容与流程的变化。我们看到，消费者对体验的要求和商家对体验的提升，这两者之间形成了螺旋式的上升发展，体验经济和体验式营销成了近十年来不可逆转的历史性潮流，将人类商业文明和消费文明推到了一个全新的时代。

这几年，我们提出和宣讲原点理论，类似于蝴蝶效应。从宏观角度来看，任何一个大时代的变化，都起源于一个原点，而蝴蝶效应带给我们的启示则是一个小的变化或许会引发一个巨大的变化。体验经济的兴起和未来的进一步发展是不用赘述的，我们也无须寻找它的原点在哪里。而从微观角度来说，一个企业如何才能为消费者提供完美的体验？如果利用体验设计优化客户感受，提升客户的满意度，这需要有具体的指导方法，企业在方法指导下，可以根据企业自身状况，建立组织体系和质量标准。

在我们看来，企业任何工作的开展、任何成就的获得，都基于人的作为，企业要在体验提升方面有所作为，首先要建立相应的组织，这一组织的核心或者领导人是谁呢？就是本书所讲的“首席体验官”，这也就是一家传统企业演变为一家围绕体验进行经营管理的“体验型企业”的原点。当然，首席体验官并不是我们创造的新词，首席体验官也不是我们创造的一个新的岗位。在意识超前的新兴企业中，已经有很多都设置了首席体验官的专职岗位，以全面设计和提升企业带给客户的体验。

在未来的消费中，人们会越来越重视不能用语言来描述的“感觉”，这种近乎“只可意会，不可言传”的微妙感觉，却是消费决策的主因。这也说明，在企业经营管理过程中，越来越需要依靠消费者实验来对企业行为做出决策，而首席体验官首先也应该是一名消费心理学家。

定位理论认为，市场竞争的战场不是看得见的理性市场，而是消费者的大脑。而对于体验理论来说，市场竞争的战场无所不在，无法轻易地进行理性解释，这是一种感觉层面的东西，它甚至无法被大脑形成一种具有逻辑的认知，更谈不上可以占据消费者大脑中的哪一个位置。

在我们之前的两本关于体验的书中，我们对企业营销管理的几个时代进行了系统的梳理，并对这几个时代的演绎发展进行了宏观和微观的详解。今天，在众多企业还在通过定位理论想要一劳永逸地找到企业发展方向和特定的营销套路的时候，学习力强和反应灵敏的企业已经仅把定位作为企业制订战略时的一项例行工作，而把绝大部分的经营工作放在了体验运营上。

也就是说，我们不能再认为消费行为都是理性行为。定位理论认为消费者会在大脑中将不同品牌安放在不同位置，以方便做出匹配选择，这其实并不是消费者的主动决策模式，而是被动决策模式。我们认为，消费者最佳的消费状态，是一种“衣来伸手，饭来张口”的、不用大脑的、寻求极度自由和舒适享受的“低智商境界”，消费者凭第一印象、凭直觉甚至是本能进行消费，而不是去记住哪个品牌有什么特点，或者哪个品牌适合他，哪个品牌不适合他。

过去，在营销传播中，我们从强调信息的传达，到强调品牌形象的塑造，再到强调品类的归属。我们理解，这些做法在体验消费时代，都已经无效了，也就是我们所说的，传统的广告已经失灵了。今天的广告，越来越只能实现吸引眼球，告诉消费者“我们在这里”，或者“我们（公司）还活着”，而再无其他意义。

所以，从体验角度来看，广告的暴利时代已毋庸置疑地属于过去。今天，不再借助媒体投放广告的企业越来越多，它们专注提升品牌体验，凭借超越同行的客户美好体验攻占市场，它们通过建立大量的体验终端，营造最佳的购物或消费体验感，优化和美化各个客户体验接触点，获得客户的体验式消费或冲动式购买。

我们理解，不管是哪一种营销行为，它离付费越远，其影响力就越弱，所以不管是广告还是公关，不管是品牌形象还是品牌定位，在产品、人员、服务或店铺的真切体验面前，都是非常苍白的，而这些一直以来都被认为是浪费了 80%的钱，今天是时候考虑转为在体验方面进行投入了。

每一个时代都有它深深的印记，每一个印记都是由千千万万的追求卓越的人们行走而成的。在时代诞生之初，需要有人进行探索，我们所著述的尽管可能不精确、不完善，甚至肤浅，或存在明显漏洞，但是如果能给后来者以启发，或者思想的碰撞，让后来者站在前人的肩上，不断推动知识的进化和社会的发展，也就实现了我们的价值。

每一本有价值的书，都在倡导一种新生力量。在中国企业经营管理领域，我们已经走过跟随和模仿的阶段。现在，我们需要真正发挥中国人的管理智慧，让中国成为现代商业智慧的发源地，让中国诞生越来越多享誉全球和影响全球的品牌。

我们相信，如果未来有一个群体，如果他们站在中国企业和品牌发展的领奖台上，那本书所说的“首席体验官”一定会名列其中，他们是新商业时代的体验型企业经营的大脑，他们是新商业时代的原点之一。

参考文献

[1] 汪吉，汪豪.体验感：品牌 3.0 的营销革命[M].北京：经济管理出版社，2019.

[2] 汪吉，汪豪.体验再造：赢得 YOU 时代的方法论[M].北京：经济管理出版社，2018.

[3] 约瑟夫·派恩，詹姆斯·吉尔摩.体验经济[M].北京：机械工业出版社，2016.

[4] 唐纳德·诺曼.设计心理学[M].北京：中信出版集团，2016.

[5] 哈雷·曼宁，凯丽·博丁.体验为王：低成本高收益的用户策略[M].北京：中信出版集团，2017.

[6] Bernd H. Schmitt.体验式营销：如何增强公司及品牌的亲和力[M].北京：清华大学出版社，2004.

[7] Brian Solis.完美用户体验：产品设计思维与案例[M].北京：电子工业出版社，2018.

[8] Eric Schaffer，Apala Lahiri.让用户体验融入企业基因[M].北京：电子工业出版社，2015.

[9] 罗伯特·布伦纳，斯图尔特·埃默里，拉斯·霍尔.伟大的设计：通向完美体验的门户[M].北京：机械工业出版社，2017.

[10] 罗浩.感性商业：用户体验驱动业务增长的方法论[M].北京：机械工业出版社，2019.

[11] Robert Dew，Cyrus Allen.海盗思维：打造令人惊奇的客户体验[M].北京：电子工业出版社，2019.

[12] Jesse James Garrett.用户体验要素：以用户为中心的产品设计[M].北京：机械工业出版社，2011.

[13] 阿里巴巴 1688 用户体验部.U 一点 · 料：阿里巴巴 1688ued 体验设计践行之路[M].北京：机械工业出版社，2015.

[14] 肖恩 ·史密斯，乔 ·惠勒.顾客体验品牌化：体验经济在营销中的应用[M].北京：机械工业出版社，2004.

[15] CTO 训练营.CTO 说[M].北京：人民邮电出版社，2017.

[16] Patrick Newbery，Kevin Farnham.体验设计：一个整合品牌、体验与价值的框架[M].北京：电子工业出版社，2017.

[17] Jacob Morgan. The Employee Experience Advantage[M].Wiley，2017.

[18] Darren Coleman. Building Brand Experiences[M].Kogan Page，2018.

[19] Jeanne Bliss.Chief Customer Officer 2.0[M].Jossey-Bass，2015.

[20] John A. Goodman.细节决定体验：客户体验全流程设计[M].北京：中国人民大学出版社，2018.

[21] 菲利普 · 科特勒，加里 · 阿姆斯特朗.市场营销[M].北京：中国人民大学出版社，2017.

[22] 迈克尔 · 所罗门.消费者行为：决定购买的内在动机[M].北京：中国人民大学出版社，2015.

[23] 陈春花.经营的本质[M].北京：机械工业出版社，2016.

[24] 埃米 · 乔 · 金. 产品游戏化：让你的产品像游戏一样简单有趣有生命力[M]. 北京：中信出版集团，2019.